Foreign Language
Culture
Teaching

外语·文化·教学论丛

A Study of Teachers' Emotions
in Intercultural Teaching Contexts

跨文化教学情境下
教师情绪的研究

许馨元 ◎ 著

浙江大学出版社
ZHEJIANG UNIVERSITY PRESS

前　言

　　随着全球一体化趋势的不断发展,目前出国工作的教师人数大幅增加。这意味着这一群体面临着文化更为多元化的教学环境,而在多种文化冲击碰撞的课堂上,这些教师的情感体验到底是正面的还是负面的? 一些教师在经历了强文化冲击后是否会退出教师行业? 退出是否与他们在跨文化课堂上过度的情感负荷及特殊的情绪经历有关? 这些问题都急需实证性研究来回答。

　　笔者设计出本项研究,用以调查在英国工作的中国教师和英国教师面对各种学生课堂行为所产生的情绪的情况。理论上讲,一种情绪的产生以及个人文化背景在情感产生中所起的作用可以通过情绪评价理论(appraisal theory)来分析。确切地说,一个人产生某种情绪,是他依照自身已有的道德标准及价值观对眼前的事物进行心理上的分析评估的结果,应用到教育学背景下,即教师在面对课堂上学生的行为时会进行分析评判,以让自己做出恰当的情绪反应,这时教师自身已有的人生观、价值观就会被用作其评判的标准,而他们的这些道德准则又是被他们成长环境中的文化背景所塑造出来的。因此,在国外工作的教师的本民族的文化、信仰极有可能受到当地的文化、信仰的挑战和冲击。由此推测,外国教师在课堂上遇到一些当地学生特有的文化行为时,可能会产生跟本地教师不一样的情感,或是更为强烈的情感。

　　基于这个假设,笔者设计出了三个阶段的研究来探讨在英国工作的中国教师是否拥有与当地英国教师所不同的课堂情感经历。第一阶段研究是问卷调研,笔者通过网络问卷来大范围地调研教师的课堂情绪反应。这份问卷的新颖之处在于采用了短视频作为情绪的环境诱因,这为教师创造出了一个更为真实的评判情景,并且,让各国教师看同一个课堂情景,可以有效消除让他们回想各自课堂教学经历时所带有的潜在的个人偏见。之后,一个日记形式的历时研究被应用到第二阶段,它旨在发现教师情感经历的稳定趋势倾向,以规避在问卷调查中教师情绪产生的一些不确定性因素,使定量研究结果更具可靠性。第三阶段研究是电话采访,用于对之前的定量数据结果进行合理的解释,并尝试探索定量数据结果产生的原因。

最终有 47 名中国教师和 52 名英国教师参与了本次研究。定量数据结果显示,中国教师在看到学生捣乱行为后产生的焦虑情绪的强度 $F(1,88)=5.30, p=0.024, \eta^2=0.06$,以及羞愧情绪的强度 $F(1,88)=9.26, p=0.003, \eta^2=0.10$,均显著高于英国教师。之后的定性研究表明,情绪评价维度、文化价值观、教师个性等因素可能是影响中英教师情感体验差异的重要因素。

本项研究的最终结果不仅可以帮助在海外工作的中国教师更好地理解跨文化情境中产生的情绪,学会自我调节,控制情绪,更可以为中英两国教育部门在培养、输出/引进以及培训中国教师人才方面提供可靠有效的参考资料。总的来说,这项研究有助于我们在跨文化研究领域内理解教师对学生不当行为的情感反应。

目　录

第1章　绪　论 ……………………………………………………… 1

  1.1　理论基础 ……………………………………………………… 1

  1.2　背景说明 ……………………………………………………… 2

  1.3　研究问题 ……………………………………………………… 5

  1.4　本书结构 ……………………………………………………… 6

第2章　文献综述 …………………………………………………… 7

  2.1　关于情绪 ……………………………………………………… 7

  2.2　教师情绪 ……………………………………………………… 22

  2.3　文化背景和教师情绪 ………………………………………… 35

  2.4　研究价值与研究问题 ………………………………………… 44

第3章　方法论 ……………………………………………………… 47

  3.1　研究方法综述 ………………………………………………… 47

  3.2　混合数据收集方法回顾 ……………………………………… 54

  3.3　本研究设计策略 ……………………………………………… 57

  3.4　预实验 ………………………………………………………… 59

  3.5　伦理考量 ……………………………………………………… 65

第4章　子研究一:问卷研究 ……………………………………… 67

  4.1　样　本 ………………………………………………………… 67

  4.2　测量工具 ……………………………………………………… 70

  4.3　过　程 ………………………………………………………… 71

  4.4　数据分析 ……………………………………………………… 72

　　4.5　研究结果 ……………………………………………………… 74

　　4.6　讨　论 ………………………………………………………… 83

第 5 章　子研究二:日记追踪研究 …………………………………… 86

　　5.1　样　本 ………………………………………………………… 86

　　5.2　工　具 ………………………………………………………… 87

　　5.3　步　骤 ………………………………………………………… 89

　　5.4　结　果 ………………………………………………………… 90

　　5.5　讨　论 ………………………………………………………… 92

第 6 章　子研究三:访谈研究 ………………………………………… 93

　　6.1　样　本 ………………………………………………………… 93

　　6.2　数据收集方法 ………………………………………………… 95

　　6.3　步　骤 ………………………………………………………… 96

　　6.4　数据分析 ……………………………………………………… 98

　　6.5　结　果 ………………………………………………………… 101

　　6.6　讨　论 ………………………………………………………… 111

　　6.7　结　论 ………………………………………………………… 114

第 7 章　整体讨论和研究价值 ……………………………………… 116

　　7.1　对定量和定性调查结果的整体讨论 ………………………… 116

　　7.2　研究价值 ……………………………………………………… 117

　　7.3　研究的局限性 ………………………………………………… 119

　　7.4　对未来研究和实践的指导意义 ……………………………… 121

　　7.5　笔者对数据收集过程的思考 ………………………………… 123

第 8 章　结　论 ……………………………………………………… 127

参考文献 ……………………………………………………………… 129

附　录 ………………………………………………………………… 160

　　附录 A　调查问卷知情同意书(翻译件)………………………… 160

　　　　　　Questionnaire Informed Consent Form ……………… 162

附录 B　调查问卷(翻译件) ·· 164
　　　　Questionnaire ·· 166
附录 C　日记表格(翻译件) ·· 168
　　　　Diary Form ·· 170
附录 D　访谈计划表(翻译件) ·· 172
　　　　Interview Questions ·· 173

表目录

表 2.1 不同理论家提出的主要情绪评价维度综述 …………………… 12

表 2.2 教师在遭遇学生不当行为时的六种情绪及其评价维度 ………… 33

表 3.1 每个视频诱发的负面情绪的平均值和标准差 ……………… 61

表 3.2 每个视频诱发的正向情绪（放松）的平均值和标准偏差 ……… 62

表 3.3 五个视频诱发的每种情感的总的平均值和标准差 …………… 62

表 3.4 教师的出生国家与每种情绪反应的相关性 ………………… 63

表 3.5 教龄与每个视频诱发的负面情绪的相关性 ………………… 63

表 3.6 教龄与单个情绪的相关性 ……………………………… 64

表 4.1 样本的背景信息 ……………………………………… 69

表 4.2 六种情绪的平均值和标准差 …………………………… 74

表 4.3 每个视频情境诱发的情绪的平均值和标准偏差的总和 ……… 75

表 4.4 中英两国教师各种情绪的总和的均值比较 ………………… 77

表 4.5 中英两国教师对五个视频情境的情绪反应的均值比较 ……… 78

表 4.6 英国教师不同年龄组间情绪反应的均值比较 ……………… 79

表 4.7 教师出生国与不同情绪的组间相关性 …………………… 79

表 4.8 教师年龄与不同情绪的组间相关性 ……………………… 80

表 5.1 日记追踪样本的人口学信息 …………………………… 87

表 5.2 每周的参与者的概况 ………………………………… 87

表 5.3 日记结果摘要 ………………………………………… 90

表 6.1 访谈样本的人口学信息 ……………………………… 93

图目录

图 2.1　情绪面部表达变化 ·· 19

图 2.2　感受维度环状模型 ·· 20

图 2.3　情感倾向、核心情感和情绪点中的情绪效价分布 ·········· 21

图 2.4　中英两国文化价值观的对比 ································ 40

图 4.1　中英教师各个情绪体验的趋势 ······························ 75

图 4.2　中英教师针对每一学生行为的整体情绪反应趋势 ·········· 76

图 6.1　主题关键词分布 ·· 100

图 6.2　国际教师情绪产生过程模型 ································ 114

第1章 绪 论

1.1 理论基础

在实际教学活动中,教师为与学生维持良好关系,往往要付出大量的情感劳动(Hargreaves,2000;Chang,2009),因此,教师在教学过程中的情绪体验一直是学界较为关注的研究课题。根据当代教育心理学家的观点(例如Tsouloupas et al.,2010;Schutz et al.,2009),教师情绪体验研究的意义可概括如下。

教师在工作过程中能否产生心理满足感,往往与其教学过程中是否发生情绪疲惫有关,正如 Friedman(1995)认为,教师的情绪疲惫往往是教师在应对学生的课堂不当行为时产生的。所以,研究学生不当行为对教师情绪的影响程度,对于揭示教师在教学过程中发生情绪疲惫的心理学机制具有重要意义。此外,若师生之间建立起良好的情感关系,则不但教师会感到心情舒畅,而且学生的成绩也会得到提高(Meyer,2009;Hargreaves,2000)。Frenzel等(2009a)发现,教师情绪可以主导其教学行为,进而影响学生的学习效果。他们的研究结果表明,教师的愉悦情绪和学生的学习成绩呈正相关关系。因此,开展教师的课堂情绪体验研究,有益于揭示教师教学行为与学生学习成绩之间的相关性。

既然教师情感研究的重要性已经明确,那么,接下来应当尝试了解哪些因素会影响到教师的课堂教学情绪。根据 Frenzel 等(2009a)的研究,教师在评定教学效果的过程中会产生情绪。换言之,教师在教学效果评定环节所接受的反馈,既能让教师产生积极情绪(例如学生达到教学目标时),也能让其产生消极情绪(学生没有达到教学目标时),教师情绪反过来又会影响学生的课堂反应(Frenzel et al.,2009a)。这表明,教师对学生学习效果的评价在其课堂情绪体验中起着关键作用(Hargreaves，2000；Sutton & Wheatley，2003)。

相比本土环境下的师生情感关系研究,多元文化背景下的师生情感关系研究较少(Sutton & Wheatley，2003；Chang，2009；Meyer，2009)。如Weber(2007)所述,随着经济全球化的不断发展,很多教师出国从事教学工作,这意味着,非母语教师群体(例如在英国教学的中国教师)会在职业生涯中遇到文化多样性更强的教学环境。另外,Schutz 等(2001)还指出,每个人的目标、价值以及信仰都是在母语社会背景下形成的,受着母语文化的熏陶,所以国际教师的文化标准和文化价值观可能会与本土学生以及当地教师存在一定差异。一些学者认为,情绪是在某人按照自己的目标或者信仰评定眼前的事物时被触发的,因此可以假设,国际教师面对学生的课堂不当行为而产生的情绪可能会与本土教师的不一样。然而,目前关于教师课堂情感体验的研究还很少。长期以来,主流情绪研究更是一直没有将国际教师的情绪健康和工作满意度纳入重点研究对象。很明显,教育心理学家需要对这个教师群体的情绪体验进行实证研究,帮助这类教师克服文化差异,减少其因此产生的工作倦怠感。

1.2　背景说明

1.2.1　教师情绪

教师的课堂情绪与其在课堂上和学生的互动密切相关(Hargreaves，2000)。若教师发现学生在课堂上积极踊跃,相互合作,教师自然会心情愉悦;然而上课期间若学生之间发生明显冲突,则会使教师产生负面情绪。这种情况表明,教师在教学工作中往往会产生多种情绪变化(Schutz et al.，2007)。因此,Chang(2009)指出,教师的情感劳动几乎都花费在教学上,为了提高授课效果,教师在课堂上耗尽了情绪能量,最终进入心力交瘁的状态(Tsouloupas et al.，2010),这是教师产生情绪倦怠,并可能退出教育行业的前兆(Maslach et al.，2001)。

虽然教师的情绪会在很大程度上影响教学工作,但在 20 世纪 90 年代之前,教师情绪研究一直没有受到足够的重视(Sutton & Wheatley，2003),鲜少有综合性的实证研究来探寻教师的具体情绪体验与其职业倦怠感之间的关系,而在多元文化背景下的教师情绪体验研究更是少之又少。因此,这个领域急需大量的研究工作,以揭示教师(特别是国际教师)的情绪体验与教学效果之间可能存在的关系,防止未来教育人才的流失。

1.2.2　学生行为

按照 Tsouloupas 等(2010)提出的观点,学生的粗鲁行为是让教师感到心力交瘁的主要原因之一。所谓粗鲁行为,是指学生在教学环境中做出的捣乱行为(亦称不当行为,本书交互使用"捣乱行为"和"不当行为"这两个术语)。Ingersoll(2001)的研究报告指出,在退出教学生涯的 400 名教师中,30%的人的辞职原因都是遭遇了学生的不当行为。学生在课堂上的不当行为会直接影响教师的讲课步骤和情绪(Gu,Lai & Ye,2011)。Clark (2008)提出,若学生的无礼行为冒犯了教师的尊严,往往会引发教师的消极情绪(例如愤怒、恐惧和敌意)。

另外,Alberts 等(2010)的研究发现,相比本土教师,国际教师更容易遭遇学生的敌意行为。部分原因可能是,相比本土教师,国际教师人数较少,在学校内部属于弱势群体。这一现象也有可能与种族主义或性别歧视等有关(Alberts et al. , 2010)。这种情况表明,若师生关系是影响国际教师工作机会的重要因素之一,国际教师就会对学生的不当行为更加在意,因为这些行为可能会对其工作机会产生威胁。所以,国际教师往往会认为学生的行为是针对自己的。

1.2.3　文化和情绪

文化"是被社会团体内的成员共享的"(Hwang & Matsumoto, 2013:22)。具有相同文化意识的人在理解眼前事物时常常会做出相似的反应或者展现出相似的理解倾向,即使他们自己都不知道是什么在引导他们做出这样的反应(Lazarus, 1991)。这一陈述可以准确地描述文化在心理学研究中的作用。

据 Hofstede(2009)所说,文化有六个主要价值观维度,分别是个人主义与集体主义、权力差距、回避不确定性、男性化与女性化、长期与短期取向,以及放纵与约束。正如一些研究人员所言,这些价值观在所有文化中都普遍存在(Hofstede & Bond,1984)。基于这一观点,一些心理学家(例如 Mesquita et al. , 1997)认为,文化差异对人的情绪影响甚微。但是,其他情绪研究人员(例如 Kitayama et al. , 2000)不认同该观点,声称尽管每个人的正面情绪可能是相同的,但体验的方式和时间可能因文化而异。他们持这种观点是因为,即使文化维度在各个文化中是普遍存在的,不同的文化赋予了各个价值观不同的优先级(Markus & Kitayama,1994)。特别是,当两名来自不同的文化体系的教师判断学生的捣乱行为是否与其自身价值观相悖时,由于优先考量的价值观可能不同,他们会产生不同的情绪体验。这个评价过程可以用情绪评价理论来说明。

1.2.4 情绪评价理论

情绪评价理论认为(例如 Lazarus,1991;Mesquita et al.,1997;Schutz & DeCuir,2002),情绪产生过程包含判断,这意味着教师对所见事物的评价会影响他们的情绪体验(Schutz et al.,2009)。因此,我们需要对情绪评价理论在本研究中的作用进行简单的介绍。依据 Roseman 和 Smith(2001)的观点,评价可以理解为我们对既定目标是否有效实现而进行的评估。因此,初级评价与目标相关性(goal relevance)、目标一致性(goal congruence)和自我介入(ego-involvement)息息相关(Lazarus,1991)。目标相关性描述了外部因素对个人目标的重要程度;目标一致性是指通过判断发生的事情是否与人们的目标相符,来预测人们的积极或消极情绪;自我介入表明了个人主观意念参与判断的程度(Schutz et al.,2009;Sutton & Wheatley,2003)。基于这些特征,情绪评价理论说明了人们面对相同遭遇时产生不同个体情感的原因,这也是我们在理解文化背景如何对教师情绪产生影响时要用到的核心基本概念(Sutton & Wheatley,2003)。

1.2.5 简 评

前文陈述了当前研究的背景,接下来,笔者将列出前人研究中的不足,以及本研究的目的。

一方面,近 20 年来,教育学家已意识到研究教师情绪的重要性(Sutton & Wheatley,2003),探求教师情绪疲惫与职业倦怠之间联系的研究也趋于常见(例如 Smylie,1999;Näring et al.,2012)。然而,Chang(2009)在近期的一次综述性研究中发现,过去大多数研究只笼统地探讨了情绪疲惫对教师的影响,而很少探及教师的某个具体情绪与其教学活动或倦怠感之间的关系。Lazarus(1991)以及 Chang & Davis(2009)指出,长期沉浸于某种特定情绪将可能形成习惯性的情绪评价模式,换言之,若某教师反复体验某些消极情绪,则他未来对学生行为的评价也将趋于消极,继而成为情绪疲惫的开端(Chang,2009)。因此,研究人员对倦怠感来源的深层次研究将可能有助于提升教师职业幸福感。要达到这一目标,就需要对教师情绪产生的过程进行探究。而这一阶段中,首先应研究的就是教师消极情绪的显性诱因(学生的不当行为)。因此本研究致力于将分散的两个概念,即教师日常体验到的特定情绪与对教学工作的倦怠感,联系起来。

另一方面,根据情绪评价理论,教师将根据自身固有的价值观和信仰来评价学生的不当行为,Schutz 等(2001)提出,个人固有的价值观和信仰形成于其成长环境。可以设想,国际教师(例如在英国工作的中国教师)因其文化信仰及价值观与所处的新的教学环境的文化存在差异,他们面临问题时的情绪体验可能会与本土教师不同或更加强烈。然而,可惜的是,鲜少有研究能帮助研究者们了解这一教师群体所遭遇的特定情绪。他们是否能与和他们存在文化差异的学生相处愉快? 他们在异国文化冲击下的教学情绪体验是怎样的? 所有这些都是值得教育心理学者们探讨的问题。

因此,本研究的目的是调查学生不当行为、教师的情绪与教师自身的文化价值观之间的关系,以厘清这三者之间的相互影响。本研究旨在揭示跨文化教学环境中教师对学生课堂不当行为的情绪体验,并尝试寻找对应的解决方案,为未来教育心理学家们的研究提供参考。

1.3　研究问题

基于上述讨论,可以假设,于英国工作的中国教师在面对学生不当行为时感受到的消极情绪将比本土教师感受到的更加强烈。根据这一假设,可提出以下研究问题。

主问题:

中英两国教师在面对相同的学生课堂捣乱行为时是否会产生不同的情绪体验?

子问题:

1)若主问题的回答是"是",那么这两个教师群体的情绪体验存在何种差异?

2)若主问题的回答是"否",则为什么不存在差异?

3)哪些因素与中英两国教师情绪体验的差异/相似之处有关?

1.4　本书结构

第 1 章为绪言。

第 2 章为文献综述,主要分四部分:第一部分回顾了情绪的定义及其组成部分的相关理论;第二部分回顾了教师情绪的相关理论;第三部分探讨了文化背景和教师情绪之间关系的理论;第四部分探讨了过往研究中的一些不足之处以及进行本研究的价值。

第 3 章为方法论。这一章主要讨论了本研究所采用的研究方法的理论基础,详述了研究工具的检验和打磨的过程,并阐明了本研究在伦理道德方面的考量。

第 4 章为子研究一:问卷研究。这一章节呈现了定量研究的实施过程与数据的分析和解读。其中,具有代表性的定量数据被重点分析和讨论,最后笔者依据研究结果对部分研究问题进行了解答。

第 5 章为子研究二:日记追踪研究。这一章详述了日记追踪研究的样本、方法(自我报告形式的日志)、流程、结果以及对结果的相关讨论。

第 6 章为子研究三:访谈研究。本章阐述了访谈研究的样本、方法(半结构式访谈)、流程和结果,并针对定性数据结果进行了讨论。

第 7 章为整体讨论和研究价值。这一部分将三个子研究的研究结果作为一个整体进行了讨论,并对本研究的意义与价值进行了挖掘,本章的末尾部分总结了本研究的局限性,并对未来的研究提出了建议。

第 8 章为结论,重点强调了关键的研究结果及启示,同时指出了本研究对教育心理学的独特贡献。

第 2 章　文献综述

2.1　关于情绪

2.1.1　情绪的定义

关于情绪的定义,学界主要存在两种观点。一种观点认为,情绪是蓄意引入判断和个人信仰的一种态度(例如 Kenny,1963;De Sousa,1990)。另一种观点认为,情绪是一种非蓄意性的情感,主张情绪仅是一种现象,而无其他(例如 Davidson,1976;Zemach,2001)。然而众多的研究显示,情绪的形成会受到个人价值观、目标和信仰的影响(Friedman & Farber,1992;Maslach et al.,2001;Schutz et al.,2009),因此第二观点在当前主流学界并不被广泛认可(Zemach,2001:197)。

另外还有一种关于情绪的定义,其关键在于应该从外部还是内部对情绪进行观察。更精确地说,一部分研究人员(例如 Darwin,1998;Öhman,1986;Cacioppo et al.,2000)将情绪理解为一种对外部环境中发生的事件的生物性反应,可通过表达或行为观察到,或可通过生理活动进行判断(例如心跳和血压)(Niedenthal et al.,2006)。举例来说,人在生气或害怕时,肾上腺素会上升,这可能会导致其身体产生行为反应(例如打架)来处理紧急情况(Lazarus,1991)。因而,情绪可被视为行动倾向(Arnold,1960)。但是,这种定义无法有效描述那些被定义为非积极且没有明显相关表达形式的情绪(例如失望)(Lazarus,1991)。鉴于上述原因,其他研究人员(例如 Johnson-Laird & Oatley,1989;Ortony et al.,1990)开始将情绪作为一种内在心理状态进行分析。Frijda(1986)和 Lazarus(1991)指出,情绪是一种包含了一系列对外在环境中诱因的评价的过程。情绪在个人根据自身需要、目标和信仰对事物进行判断时被激起(Scherer，1988)，由此，当情绪是由内部产生时，可被单方面认定为一种心理学体验(Lazarus，1991)。最终，学界广泛认可的是，情绪这一概念应包括内部定义与外部定义(Campos & Barrett，1984；Frijda，1986)，也就意味着情绪并不是某种"单一'事物'"(Niedenthal et al.，2006：6)，而是不同过程的结合。因此，目前被广泛接受的对情绪的定义，为情绪是"一种为了应对来自自然与社会的特定挑战和机遇而产生的一系列相对短期的，基于生物学的感知、心理体验、生理反应、行动和交流等的反应模式"(Keltner & Gross，1999：468)。

然而，因为本研究主要从内部角度来探讨、研究教师们的主观情绪体验以及其情绪的诱因，所以在本研究中，情绪将主要被视为一系列内在的认知和评判过程。

2.1.2　情绪的组成部分

正如前文所提到的，许多研究人员(例如 Lazarus，1991；Frijda，1986；Mesquita et al.，1997)赞同情绪是由多个不同的过程组成的，而情绪产生的过程涉及这些子系统之间复杂的互动(Lazarus，1991；Planalp，1999)。因此，若要理解情绪这一概念，有必要对这些组成部分进行探讨。Mesquita 等(1997)认为，每一组成部分在不同文化中存在独立的变量，所以，在研究文化对情绪的影响时，必须对每一组成部分进行仔细验证。

Mesquita 等(1997)提出，情绪通常由以下子系统构成：a)诱因事件，b)评价，c)主观体验，d)生理变化，e)行动趋势的变化，f)行为，g)认知机能与信仰变化，h)控制过程(260)。由于这些情绪子系统的激活存在差异，因此它们彼此间必然存在相互独立性，即一个子系统的变化不一定会触发另一子系统运作，但是正如上文中提到的，人在经受了强烈的情感刺激后可能会产生强烈的行动趋势，而一些行动趋势可能会激活其生理变化(例如愤怒会导致血压升高等)，因而这些组成部分之间也存在相互影响(Mesquita et al.，1997)。基于此观点，Shewder (1993)认为，若要挖掘人们情感机能中的差异，研究人员要做的第一件事就是要明确从何种角度来研究情绪，因为如果只是将情绪作为一个整体进行研究，则很难明确人们情感生活中的差异，而且结果也很容易被社会刻板印象影响(Shewder，1993；Mesquita et al.，1997)。因此，若要使差异产生实际意义，则需要研究人员对每一情绪组成部分进行单独研究，这一点非常关键。

Sutton 和 Wheatley(2006)在其著作中指出，情绪诱因、情绪评价和主观体验是教师情绪的重要组成部分,因此下文将围绕这几个组成部分展开综述。

2.1.2.1　情绪诱因

根据 Frijda(1986)的观点,可激起情绪的事件或想法可被视为情绪诱因。然而,同一事件有时也可能触发不同情绪,所以,学者们认为还存在其他影响具体情绪生成的因素,例如事件发生时的环境或背景、个人的适应水平、对当时情况的预期等,都会导致情绪发生差异(Frijda,1986;Lazarus,1991)。因而,理解这一情绪组成部分的关键是要明白情绪的产生并不仅仅取决于触发人情绪的外部事件,也取决于人的心理特质(Mesquita et al.,1997)。

关于情绪诱因存在三种主要理论。第一种是特定刺激理论。该理论指出,某些特定情绪可由特定刺激因素引发。例如,威胁可引发害怕,冒犯可引起愤怒(Watson,1913;Frijda,1986)。此理论可用于解释低等灵长动物的某些情绪行为,然而,在解读涉及高级认知活动的人类情绪时却不太有效(Frijda,1986;Lazarus,1991)。正如 Gray(1987)所指出的,人的害怕情绪的诱因有多种,如失去支持、黑暗、不熟悉的环境和有价值的事物存在丢失风险等,因而特定刺激理论在描述更大范围的情绪诱因方面存在缺陷。第二种为强度理论。基于感知经验,一些研究人员(例如 Young & Décarie,1977)注意到,轻微或温和的刺激通常会引起愉悦情感(例如温柔的触摸或轻微的甜味让人们感觉舒适),而强力或强烈的刺激则会引发负面情感,例如,强有力的拳头击打可能会引发愤怒或恐惧(Young & Décarie,1977;Borg,1998)。可惜的是,此类刺激的程度界限太过于模糊而无法判定(Frijda,1986)。出于这一原因,研究人员很难确定应如何通过刺激物的差异来获取指定情绪(Hebb,1946;Leuba,1955;Berlyne,1960)。第三种为匹配—不匹配理论。刺激因素在满足个人期待或目的时会引发积极情绪,相反,刺激因素若未满足个人愿望或与其目的无法匹配时则将引发消极情绪(Brown & Farber,1951;Lazarus,1991)。这一说法印证了所谓的匹配—不匹配理论。这一理论认为,情绪是外界刺激和人们个人素质诱因(例如信仰、目标、期待和价值观)互动后的产物(Scherer,1988;Raïevsky & Michaud,2009)。接下来,笔者将对不同类型的诱因进行讨论,进一步探索环境诱因与个人素质诱因之间的相互作用关系。

环境诱因与个人素质诱因

如诸多文献指出,情绪通常不是由某单个诱因激发出来的(Frijda,1986;Mesquita et al.,1997;Niedenthal et al.,2006),尤其是产生的情绪越具体时,其形成因素也越多(Smith & Pope,1992)。例如,人们在新闻中看到犯罪事件时可能不会感到害怕,但若是在现实世界中意识到自己是坏人的目标时,他们的情绪感受又是另一回事了。也就是说,发生在人们眼前的事情并不是引发情绪的唯一因素,个人对情境的判断也是决定性因素之一(Lazarus,1991;Scherer,1993;Frijda,1986)。因而,环境中发生的刺激被视为情绪的环境诱因,而个人的判断和看法则被视为情绪的个人素质诱因(Diefendorff et al.,2005;Smith & Pope,1992)。

如Frijda(1986)介绍的,环境诱因存在多种类型。可触发积极情绪的事件被称为积极诱因,通常是满足个人预期或使个人获得更大成功的事件(Lazarus,1991;Pekrun,2006)。另外,产生的积极情感的强度取决于事件出乎意料的程度、在个人能力范围内的受控程度以及对其内心既定目标的有利程度等(Scherer,1988;Pekrun et al.,2011;Schutz et al.,2009)。也就是说,若此事件未能满足个人的目标或在其掌控能力之外时,同样的事件也可能成为消极诱因。按照Lazarus和Folkman(1984)的定义,消极诱因是个人认为超过其控制能力或使其陷于危险从而使其产生消极情绪的情境(Schutz et al.,2009;Roseman,1996)。Frijda(1986)还提出了根据另一种方式分类的三种环境诱因,分别为"自动唤醒刺激"(286)、"激活刺激"(289)和"情绪触发"(289)。第一种诱因会激发身体的条件反射,但这种反射不一定是情绪。这类刺激通常为突发事件。例如,参赛者在比赛过程中突遭打断,其反应并不被视为情绪性的,事件可能只是对他的注意力产生了刺激。目前,对于其余两类刺激缺乏系统性的研究,且因其与具体情绪的认知性联系较为模糊而很难被明确定义(Castrén,2005)。例如,即使外在诱因与个人当天的内在目标无直接联系,但明媚的阳光和活泼的音乐可以激活人的积极情感,而病痛则会使人产生消极情感(Castrén,2005;Frijda,1986)。这种因果关系可以通过生理学和药理学观点解读,但与本书的研究目的联系不大。

个人素质诱因中,"关心"(concern)是情绪产生的关键因素(Frijda,1986,2007)。更准确地说,人在面对一些突发状况时会根据自身的内在标准对眼前状况进行评价,而这一标准可称为"关心"(Klinger,1975)。它作为一种目标,引领人们追求或避免某种特定情境,决定感受到的是积极情绪还是消极情绪(Bagozzi & Pieters,1998;Pekrun et al,2007)。如前文中所述,一个既定事件并不一定会引起人的情绪反应,只有在此事件引起当事人的关心,并使当事人产生一系列复杂的认知过程后,才会产生情绪(Frijda,1986;Bagozzi & Pieters,1998)。此认知过程被称为"评价"。环境诱因和个人素质诱因的相互作用构成了理解情绪评价理论的基础(Lazarus,1991;Smith & Pope,1992;Roseman & Smith,2001;Scherer,1993)。虽说如此,一些学者还是倾向于将情绪的内在诱因和外在诱因分开研究。然而,此类研究很容易遗漏每一诱因在情绪产生中的重要性或机能。因此,为了更好地理解情绪,研究者们需要对情绪的环境诱因和个人素质诱因进行更多综合性研究(Frijda,1986;Goetz et al.,2010;Uphill & Jones,2007)。

2.1.2.2 情绪评价

评价的定义

情绪评价理论学家(例如 Ellsworth & Scherer,2003;Scherer,1984;Moors et al.,2013)提出,情绪是一个人对眼前事件产生主观判断后而产生的心理感受,而所依据的判断标准取决于这个人对眼前事物的关心程度(Frijda,2007,1986;Lazarus,1991;Scherer,1999a)。这一判断的过程即被视为评价(appraisal)(Moors et al.,2013;Scherer,2001)。不同的人在需求、价值观、信仰以及当前目标等维度存在个体差异,所以情绪评价理论的核心启示之一是不同的人因关注要素的优先级差异,在面临同一事件时可能会产生不同的情绪(Scherer,2001;Moors et al.,2013;Niedenthal ct al.,2006)。此外,在个人素质诱因的影响下,个人对环境诱因的评价也将决定其情绪体验的强烈程度(Moors et al.,2013;Scherer,2001)。

情绪评价理论家们在评价应被视为情绪诱因还是情绪组成部分上尚有争论(Ellsworth & Scherer,2003;Pekrun,2006)。一些理论家(Roseman,1996;Smith & Lazarus,1993)认为,评价应该被视为情绪的前因,在这些研究中,研究者可以通过控制人的评价来衡量人的情绪反应。但是,另外一些理论家(Ellsworth & Scherer,2003;Kappas,2001)认为,评价是情绪产生过程的构成部分,因为情绪产生的过程是自动的、潜意识下的过程,所以很难将认知过程从情绪中独立出来(Bargh,2013;Scherer,2007)。比如,人在遭遇抢劫时,他的突发情感通常为害怕或愤怒,而不是一系列对状况的明晰判断。最终,Roseman 和 Smith(2001)提议评价既可作为诱因,亦可作为情绪的构成部分或结果,如何定义取决于具体的研究目的。若研究主要针对认知过程,则评价可被视为情绪的起因;若研究的目标是情绪体验本身,则评价可被视为情绪的构成部分(Ellsworth & Scherer,2003)。

情绪评价理论的发展历史

尽管评价的早期概念可溯源至千百年前亚里士多德、斯宾诺莎和休谟等哲学家的论述,然而 Arnold(1960)却是第一个提出"评价"这一术语的人 (Roseman & Smith,2001;Ellsworth & Scherer,2003)。之后,Lazarus (1966)引出了一个具有深远意义的概念,即评价过程可分为两个层次:初级阶 层和高级阶层。在初级阶层,人们判断事件与自身的相关性,而在高级阶层, 人们主要评价自身对该事件的应对能力(Lazarus,1966)。情绪评价理论的 发展在 20 世纪 80 年代达到了兴盛状态,前人(Ellsworth & Scherer,2003; Moors et al.,2013)的一系列研究为评价方法确立了理论基础。表 2.1(引自 Ellsworth & Scherer,2003:573)列出了不同理论家提出的情绪评价维度的 变量。由此表可看出,一些情绪评价理论家(例如 Scherer 1984)提出的评价 的变量(或维度)相对比较多,而有一些理论家提出的则比较少(Roseman, 1984)。Ellsworth 和 Scherer(2003)的研究揭示出对目标一致性或需求满足 度的评价是受到众多理论家认可的核心情绪评价维度,因这一评价维度将主 导之后一系列评价的方向和评价的必要性。除核心维度之外,新奇感、情绪效 价、能动性(或责任划分性)和基准/价值观等维度也同样在表 2.1 中有所总 结。除此之外,一些理论家还提出了与目标/需求维度相关的更详细的维度如 确定性等,以便进一步阐明评价在区分具体情绪时的工作机能(Ellsworth & Scherer,2003)。

表 2.1　不同理论家提出的主要情绪评价维度综述

	Frijda (1986)	Roseman (1984)	Scherer (1984)	Smith & Ellsworth(1985)
新奇感	变化 熟悉度		新奇感 突发性 熟悉度	被给予注意力的活动
情绪效价	效价 聚焦性	有欲望/厌恶 动机	内在愉悦度 目标重要度 关注相关性	愉悦度 重要度
目标/需求	确定性	确定性	结果可能性	确定性
能动性	意图/自我-他人	能动性	起因:介质 起因:动机	人类能动性
基准/价值观	价值观相关性		与标准的兼容度 外部 内部	合理性

注:译自 *Ellsworth & Scherer*(2003:573)。

如前文所述,具体的情绪由人对当前状况的一系列评价而引发。此类评价涉及对于事件对自身重要性的判断、对事件可带来的愉悦程度的评价,以及对于自身处理此事件的能力的确定性等(Scherer,1999;Lazarus,1991;Niedenthal et al.,2006)。根据情绪评价理论家的观点,这些判断可被视为评价的维度(或变量)(Scherer,1984;Frijda,1986;Smith,1986;Lazarus,1991)。那么一个问题产生了:研究人员在描述情绪时需要考量多少个维度呢?Scherer(1999)和 Moors et al.(2013)建议,用于解说情绪的评价维度的数量取决于想要研究的情绪的数量以及想要研究的情绪组成部分。基于这一观点,本研究罗列出了一些受到广泛认可的情绪评价维度。虽然不同专家提出的维度略有所不同,但大致上可以总结为五大维度(见表 2.1 最左一列)(Ellsworth & Scherer,2003)。

情绪评价维度

由于本研究主要从内部视角对情绪进行分析,且主要集中于解释跨文化情境下教师的主观情绪体验,因此笔者基于上述五大情绪维度,选择了以下几个情绪评价维度来做详细讨论,为之后质性研究数据的解读提供理论基础。这些维度分别是:目标、确定性、能动性/责任划分、应对/控制潜能,以及价值观/道德准则。

目标

在 Lazarus(1991)的书中,情绪评价维度被分为两个层次:初级和高级。"目标"维度的评价属于初级阶层评价(Lazarus,1991;Ellsworth & Scherer,2003)。更具体地说,目标相关性用于说明外部因素对个人目标的重要程度。若个人认为遭遇的事件对其重要,则就有可能被激起情绪。如教学情境中,若学生在课堂上产生了不当行为,且此行为影响了教师的教学,则因为这一发生的事件与教师的教学目标相关,它就会引起教师的注意。随后,个人通过判断事件的发生与个人目标的达成是否一致,来确认是产生积极情绪还是消极情绪。在这个例子中,因为学生的行为影响了教师教学目标的达成,教师可能会产生某些消极情绪(Schutz et al.,2009;Sutton & Wheatley,2006)。

确定性

这个情绪评价维度说明了一个人在多大程度上理解眼前发生的事情,并对当前的形势充满信心(Roseman,1984;Smith & Ellsworth,1985)。另外,不确定性的程度取决于事件的可预测性和发生的概率(Ellsworth & Scherer,2003)。换言之,事件的可预测程度越高,个人感受到的不确定性就越少。此情绪评价维度将可能产生的情绪缩减到一个更小的范围中。在上面的例子中,如果学生的捣乱行为已经触发了教师的消极情绪,而此刻老师又不确定他该如何处理眼前的情况,那么教师感到恐惧或焦虑的可能性就很高(Frijda et al.，1989)。

能动性/责任划分

能动性/责任划分属于评价的高级阶层。Lazarus(1991)阐释了在这一阶层个人的判断是如何导致具体情绪产生的。在这个维度上的判断也会影响之后的应对策略。根据 Ellsworth 和 Scherer（2003)的观点,在采取应对策略之前,判断是谁或是什么原因引起了状况的发生十分关键。因而,能动性/责任划分在这里描述的是个人对谁应该对目标的成功或失败负责的判断(Smith & Lazarus，1993；Frenzel et al.，2009b)。继续上面的例子,若教师在教学目标失败后将责任归因为学生的不合作,教师则有可能产生愤怒情绪。

应对/控制潜能

应对/控制潜能是指一个人评估自己是否有能力应对眼前不按预期出现的情况(Lazarus & Folkman，1984)。因这一情绪评价维度与成就情绪的产生相关,Pekrun 等(2007)针对这一维度提出了几种用于研究学生考试相关情绪的子变量。这些子变量包括状况结果预期(结果的产生不受任何干预)、行为控制、行为结果预期(个人认为自己有能力产生影响,他/她的行为可以产生或抑制结果)以及结果整体预期(在考虑其他所有预期之后对结果的总体可控性的评估)。在这一阶段,若教师的自我效能感处于较低水平,不相信自己能够控制学生的不良行为,教师将陷入焦虑状态;相反,若教师认为自己有能力采取较为严厉的应对策略,教师主要感受到的是愤怒情绪(Bandura，1978，1982)。

价值观/道德准则

如之前提到的,评价是根据人的内在目标而进行的,这些目标又通常是在社会情境下形成的(Kappas，2001；Ellsworth & Scherer，2003)。一个社会群体中的个体通常会十分注意群体其他成员的反应,以便自身更好地融入这个社交圈(Cosmides & Tooby，2000；Darwin et al.，1998)。因此,个人的价值观/道德准则是在持续接受大多数群体成员对自己行为的肯定后形成的(Ellsworth & Scherer，2003)。若这些准则受到挑战且被认为是个体自身的过错造成的,则可能激发个体的愧疚或羞愧情绪(Frijda et al，1989；Lazarus，1991)。

情绪评价理论的意义

随着不同情绪评价维度的增加或变化,人们的情绪体验不断在其心里流动(Lazarus,1966;Ellsworth & Scherer,2003;Lambie & Marcel,2002)。评价的这一特征强调了主观看法在情绪激发中的重要性(Frijda,1986;Lazarus,1991)。它将环境诱因和个人素质诱因联系在了一起,并且解释了为什么有时不同的人在面对相同的刺激时会形成不同的情绪反应(Frijda,1986;Moors et al.,2013)。具体来说,Schutz 等(2001)指出,个体的个人价值观由社会或其成长的文化环境塑造而成,而文化与文化之间的社会目标、价值观基准以及信仰各有不同(Markus & Kitayama,1994;Imada & Ellsworth,2011)。因此,不同文化背景的人在面对类似情境,依据不同的个人素质诱因对情境做出评判时,就可产生不同的情绪反应(Sutton & Wheatley,2006;Imada & Ellsworth,2011)。由此可见,情绪评价理论对于研究个体的文化差异对情绪反应的影响具有重要的意义(Ellsworth & Scherer,2003;Moors et al,2013;Sutton & Wheatley,2006;Markus & Kitayama,1994)。所以在本研究中,情绪评价理论是理解文化背景和情绪体验之间关系的核心理论。

然而,关于情绪文化差异的研究目前依然有些不足(Hwang & Matsumoto,2013;Kitayama et al.,2000)。在研究情绪差异时文化的影响必须予以考虑。Ellsworth 和 Scherer(2003)提出了几种可能是文化导致差异的情况。第一,一些由理论家们提出的情绪评价维度在某些文化中可能并不存在,因而导致差异。第二,不同文化的评价模式可能不同。例如,在某些文化中,某些情绪评价维度可能更受重视。第三,某些特定文化的评价子维度也许还未被理论学家们发现。这些假设大多仍未得到很好的探究。因此,通过情绪评价理论视角来探察文化差异对情感体验的影响的研究仍相对不足(Moors et al,2013)。

2.1.2.3 情绪体验

什么是情绪体验

关于情绪体验本质的解读存在三大理论。第一种为中心论,其宣扬主观体验是情绪的核心概念(Titchener,1908;Wundt,1896,1916;Buxton,2013),是有机体反应的起因。例如,人之所以哭泣是因为感受到了悲伤。第二种为外围论,它的立场则恰好与中心论相反,认为人的情绪体验由人身体的感受或反应激起(James,1884;Lange,1912/1895;LeDoux,1996,2000),具体而言,人之所以感受到沮丧有可能是因为他感受到了疼痛。然而,大多数情况中,情绪产生的因果关系无法通过这一理论解释,比如说,人因为跑步才会感受到害怕这种说法就很难讲通。因此,理论家们(Oatley & Johnson-Laird,1987;Lazarus,1966)提出了第三种理论——认知理论,该理论将情绪体验的内部认知与外部的生理变化结合起来。这一理论承认了认知对于激起情绪的作用。例如,人对于愤怒的感受包含了两种意识,一是意识到了自尊受到冒犯,二是意识自己身体有了兴奋感(Lazarus,1991)。Frijda(1986)认为,这一理论可以对情绪体验进行很好的解释,且将情绪性认知与非情绪性认知进行了区分,因此该理论目前被情绪理论学家们广泛采用(Arnold,1960;Frijda,1986;Lazarus,1991)。

如上文中提到的,情绪包含多种成分,因而情绪体验可被定义为一系列对某些情绪成分产生的主观意识(Frijda,1986;Mesquita et al.,1997)。它可包含对以下成分的意识:"a)判断,b)行动准备状态,c)生理烦躁,d)进一步的情绪成分如认知内涵,e)对个体情绪的评价"(Mesquita et al.,1997:273)。这意味着情绪体验也是多种成分的组合体(Lambie & Marcel,2002),不同的情绪体验都有其特定的一系列意识反应(Frijda,1986)。情绪体验的这项定义可协助情绪心理学家们识别单个情绪的产生(Lazarus,1991;Mesquita et al.,1997),有关细节将在2.3.1中进行讨论。此外,Frijda(1986)认为情绪体验应存在三个基本要素,分别为"基础感受""身体感觉"和"伴随刺激产生的想法"(179)。基于情绪体验的认知理论,"基础感受"在区分情绪体验以及非情绪体验中起到了核心作用,且因它包含了感情的自觉意识,因此还可用于解释为什么人与人之间的情绪体验会存在差异(Frijda,1986,2007)。

本书旨在明确不同教师情绪体验之间的差异,因此主要集中于检验当前研究中的主观感受意识,通过参与者一定范围内的主观报告研究其情绪体验。此外,为了探寻差异的可能原因,笔者将在访谈研究中向参与者提与内省性回忆相关的问题以研究情绪产生的过程。也就是说,本书中的三项子研究都是把情感体验作为主观意识来探究的。

情绪体验的特征

Frijda(1986)指出,情绪体验的本质包含反射性意识和非反射性意识。反射性意识指对象对自身重要性的意识,其核心在于个体的主观性。而非反射性意识意味着个体仅意识到了外部现象或状况的发生。Lambie & Marcel(2002)也表示,情绪体验可分为两个层次:第一层次涉及现象,而第二层次涉及认知。所有这些说法都给出了一种信号——情绪体验有其主观性,但同样具备客观性。这一事实也提醒了想要研究情绪体验的研究人员,在研究之前最好对要研究的情绪体验的特性有更深刻的了解,否则可能无法确认研究方法和想求得的结果(Lambie & Marcel,2002)。

此外,Frijda(1986)总结了三种认识情绪体验的方式。第一,情绪体验可被视为对状况的体验。第二,情绪体验可被看作对本能反应的体验。第三,情绪体验可被视为对行动和行动倾向的体验。后两种看法主要引入了人类情绪的生物学定义,这种定义与本情绪研究的目的并不十分相关,因此,本研究中的情绪体验被视作人对情境、状况的体验。具体来说,这里提到的状况并不仅仅指触发情绪的情况,同时还代表状况本身所携带的对受其影响的个体所产生的意义(Frijda,2007)。例如,糟糕的情境是否压垮个体取决于个体的韧性。也就是说,情绪的主观体验与个体的自我特性和信仰是绑定在一起的。因而,对某一情境的情绪体验是由个体对情境对自身重要性的认知、对自身可否在情境中采取自由行动的判断,以及对结果的可取性的评价构成的(Frijda,1986,2007)。换言之,情绪体验可被视为一系列认知评价的结果。这一结构同时还被称为情绪体验的"情境意义结构"(Frijda,1986:194)。

主观情绪体验的另一特征是,当个体产生情绪时,并不是所有的情绪成分都会出现(Mesquita & Frijda,1992)。Mesquita 等(1997)证明,在某些情境中连一些核心的快乐和痛苦感受都有可能不会出现。譬如,根据 Levy(1975)的陈述,塔希提人在遭遇损失或惊恐状况时感受到的可能是疲累。虽然心理学家们至今无法确认这一疲累感受是否等同于其他文化中的悲伤感受,但可以推断在某些文化中可能缺失情绪体验的特定成分。这一特征对理解人们情绪体验中的文化差异有诸多启示意义。

主观体验的强度

我们若脱离数据的支撑来谈论情绪体验强度这一概念,是存在疑问的,因为客观上很难去区分感受的每一层次。虽说如此,仍有一些参数可被用来尽量精确地去解释情绪体验的强度(Frijda,2007)。根据前文提到的情境意义结构,事件对于个体的相关性和重要度可被视为某些参数(Lazarus,1991;Frijda,1986)。此外,身体的变化、感受到的冲击以及对自身控制能力的判断都可以用量化指标测量,因此,它们都可以被视为情绪体验强度的指示灯(Frijda,1986;Niedenthal et al.,2006;Desmet,2005)。

因为情绪体验拥有多个方面和多个强度(例如生理变化、行动准备和评价),采用单一标准去衡量同一时间内情绪体验的所有成分就存在很大的问题(Niedenthal et al.,2006;Frenzel et al.,2016)。因此,Desmet(2005)认为,研究者应该针对每一种情绪成分采用特定的相应的测量工具,这样研究的结果才可能更具有意义。因此,本研究在测量人们的情绪体验强度时采用其对状况的主观判断作为参数。

2.1.2.4　其他成分

除了上文提到的几项情绪成分外,情绪还包含以下这些成分,但因这些成分与本研究目的并不直接相关,所以只在此做一个粗略的概述。

首先,根据 Mesquita 等(1997)的研究,心理感受可导致生理变化,如血压、体温和心率的变化(Pittam & Scherer,1993)。因此,生理变化也属于情绪过程的一部分。

其次,因情绪体验产生的生理变化或行动(例如面部表情)被视为情绪表达(Darwin,1998)。情绪表达可用于预测个体的感受,如在课堂情境中,学生可直接根据从教师的面部变化透露的愤怒或愉悦情绪而采取行动(Sutton,2000b)。

笔者最后要讨论的一个情绪成分是行动倾向,它亦被称为行动准备或回应倾向(Mesquita et al.,1997;Lazarus,1991),它反映的是人们打算如何应对某种感受。虽然在某些情况下人们可以控制自身行为,但这些倾向会在短时间内对人们的长期情绪管理产生明显的干扰(Sutton,2000b)。

2.1.3　基础情绪——不同情绪的体验

2.1.3.1　基础情绪的数量

关于是否存在一定数量的基础情绪以及如何区分这些情绪,学者们展开了一些讨论(Ortony & Turner,1990)。依据基础情绪模型(Plutchik,1984;Ekman,1984;Johnson-Laird & Oatley,1992)可知,人类存在一套编制在基因中的先天情绪,这些情绪被视为对某种特定激发事件产生的潜意识情感反应。虽然不同的基础情绪理论家(例如 Ekman,1984,1992;Izard,1977,1993;Ortony & Turner,1990)对基础情绪的数目有不同的观点,但有五种基础情绪已被广泛认可,分别为害怕、厌恶、悲伤、愤怒和愉悦。而其他情绪可被看作这五种基础情绪的组合,例如,忧郁可视为悲伤和厌恶的结合(Ekman,1984;Johnson-Laird & Oatley,1992;Plutchik,1984)。虽然如此,这一模型的缺陷也很明显。第一,它不能很好地解释具体诱因是如何导致基础情绪产生的,所以很难解释一种情绪向另一种情绪过渡的过程(Ellsworth & Scherer,2003)。第二,这一模型无法明确哪种情绪可被命名为基础情绪而哪种不能(Grandjean et al. ,2008；Niedenthal et al. ，2006)。第三,这一模型将个体情绪之间的界限划分得过于明确,而很多情绪研究人员(Padgett & Cottrell，1998；Ellsworth & Scherer，2003)均认为情绪之间的界限是十分模糊的。正如 Daudelin-Peltier 等(2017)研究中的情绪面部表达变化(见图 2.1)所示,害怕与厌恶情绪以及惊讶与悲伤情绪之间并没有明显的界限。

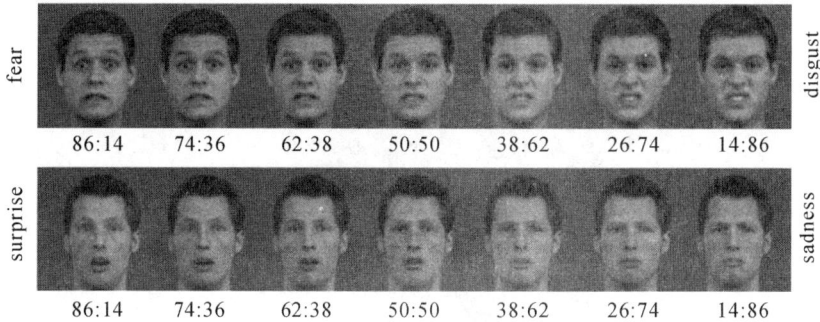

图 2.1　情绪面部表达变化

注:引自 Daudelin-Peltier 等(2017:4).

　　基础情绪模型中的这些缺点推动情绪研究人员去寻求对个体情绪更为广泛的解释方式。后来,一些情绪理论学家提出了感受维度模型用于描述体验到的情绪(Barrett & Russell，1999；Larsen & Diener，1992；Russell & Pratt，1980；Posner et al. 2005)。虽然在发展早期模型时有很多维度被提出,例如,投入/不投入、紧张/放松、愉快/不愉快,但现今只有两个维度为理论家们所赞同(Russell & Barret，1999；Tellegen et al. ，1999；Grandjean et al. ，2008)。根据 Russell & Pratt(1980)和 Feldman (1995)提出的感受维度环状模型(见图 2.2),第一个维度是兴奋感,其两级为高度和低度兴奋感;第二个维度是情绪效价,该维度的两极是积极和消极(Russell & Pratt,1980，2003；Feldman，1995)。

　　这一环状模型呈现了一种被 Russell (2003)称为核心情绪的情感状态。核心情绪可以是好的或坏的、高度兴奋或低度兴奋体验中的核心感受。它是一种沿着环状轴线漂流的意识前心情,且会受到许多个人或环境因素的影响(Russell & Pratt，1980；Russell & Snodgrass，1987)。尽管感受维度环状模型认识到了情绪的流动性和连续性,它也同样存有诸多缺点(Russell & Pratt，1980；Russell & Snodgrass，1987)。Niedenthal 等(2006) 指出,这一模型鲜少提到情绪生成过程的机制,它未能解释认知判断特征和情绪反应之间的联系,因而不能很好地预测单个情绪,也不能明确情绪体验差异的原因。

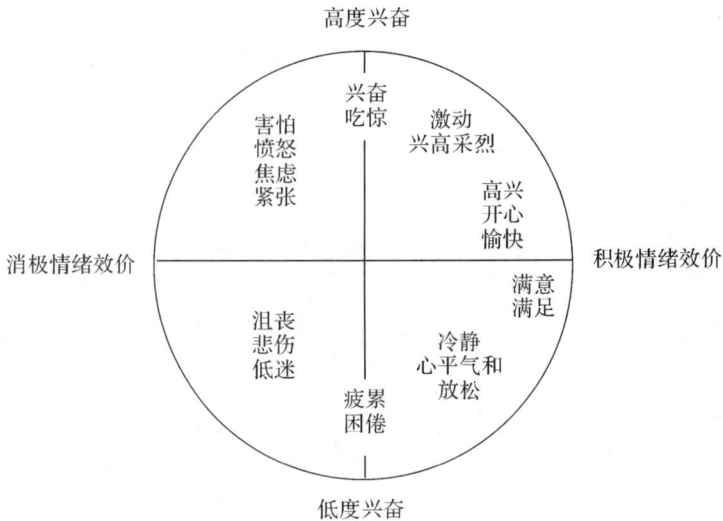

图 2.2　感受维度环状模型

注:摘自 Feldman(1995:807)。

此外,它忽略了情绪多成分的存在,而只将情绪定义为主观体验。

因基础情绪模型与感受维度环状模型不能很好地解答为什么情绪可随着刺激的突然变化而快速变化,以及为什么不同的人即使在面对同一遭遇时也会产生不同情绪的问题(Ellsworth & Scherer,2003;Grandjean et al.,2008)。几位情绪理论家(Arnold,1960;Lazarus,1991;Scherer,1984,2001)提出了成分评价模型,该模型将情绪视为一个由多种成分结合的动态集合。在这一模型中,情绪类型可被认为是所有子成分(例如诱因、生理反应和认知)合作变化的集合,而具体情绪的触发和区分则由当事人对这些子成分的评价而确定(Frijda,1986,2007;Scherer,2001)。相比前人提出的理论,成分评价模型的优势在于:a)基于情绪特定成分的研究可使对单个情绪的预测更加系统化(Ellsworth & Scherer,2003;Mesquita et al,1997);b)情绪被视为"评价驱动的反应"后,理解和研究其动态变化变得更为容易(Grandjean et al.,2008:485);c)通过研究情绪生成过程中的评价机制,可清楚地解读个体间和不同文化间情绪体验的差异(Imada & Ellsworth,2011;Kitayama et al.,2000;Lazarus,1991)。

本研究将综合不同模型中的概念,从整合性视角来检视不同文化背景下的教师情绪体验。

2.1.3.2　情绪的生成过程

在情绪评价理论中,情绪体验可通过三种相互作用的过程解读(见图 2.3)(Schutzet et al.,2009)。首先,情感倾向代表模型的外扩圈,可被视为判断事物时的总体倾向(Schutz et al.,2009)。它的作用类似于罗盘,将人们对某个事件的感知引导到一个预先设定的方向(Rosenberg,1998),而它的形成主要会受社会历史和个体因素的影响(Schutz et al.,2009)。就社会历史影响而言,文化是影响人类情感体验的主导因素(Pakingson et al.,2005)。如 Schutz 等(2001)所声称,个人的目标、价值观和信仰是由社会建构的,是被文化塑形出来的,且这些目标、价值观和信仰会被大量应用在个人对情绪诱因的评价中。因此,来自不同文化的人在遭遇同一状况时可能会产生不同的感受。包括"个人经验、性情和行为激活/抑制"在内的个体因素(Schutz et al.,2009:198)在某种程度上也是由其所处的社会构建出来的,且可以推动情感倾向向更为具体的感受类型转变。

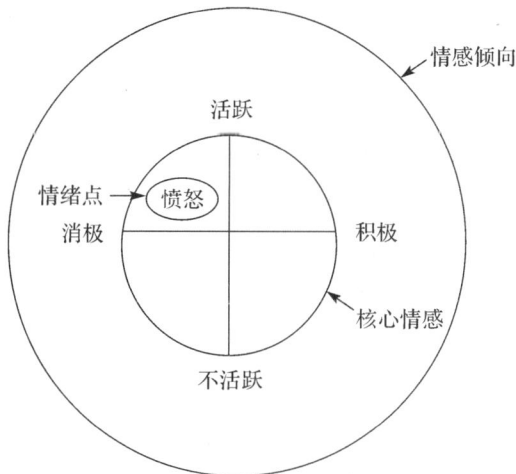

图 2.3　情感倾向、核心情感和情绪点中的情绪效价分布
(Schutzet et al.,2009:197)

其次,如图 2.3 所示,核心情感位于中圈,用于描述人结合了情绪效价(令人愉快的/令人不快的)和兴奋度(活跃/不活跃)的潜意识状态(Russell,2003;Russell & Barrett,1999)。它可以被视为"一种持续的不断呈现的情感状态,有可能根据人的判断变得更加突出和强烈"(Schutz et al.,2009:200)。这与人体对气温的感受类似,个人若未被专门问起,可能也就不会注意到这些感受(Russell,2003)。但是,它还是会对具体情绪的产生起到一定影

响作用。在人对激发事件进行更加有意识的评价之后,他经历的核心情感在环状地图上的位置就可进一步精确(Russell,2003;Grandjean et al.,2008)。例如,若教师当天的核心情感已处在令人不快的情绪效价和兴奋度高的区域中,则学生的一些不当行为有可能引发教师的愤怒情绪;相反,若教师和核心情感位于平和和愉悦状态,则学生的这些行为可能引来的就是教师的发笑(Schutz et al.,2009)。核心情感的概念支撑了日记追踪研究在本研究中的应用。由于教师的特定情绪体验会受其日常不稳定的核心情感的诱导,因此对教师的情绪进行历时研究就显得尤为重要。总的来说,核心情感是短期的整体状态,且在个人遭遇特定事件时被明确为某一特定情绪(Schutz et al.,2009)。

模型中心最小的那个圈展现的是情绪点。它可被视为个人对事件评价的最终结果(Pekrun et al.,2011)。情绪点与情感倾向、核心情感一起描绘了情绪生成过程(Schutz et al.,2009)。在此,笔者将其总结为教师为了实现其教学目标或保持其社会价值观(例如文化/个人价值观、信仰和身份认同),将当前发生的状况与期待的状况进行比较,形成对情境的最终情绪反应(Schutz et al.,2009)。

上述情绪评价理论和情感生成过程构成了本研究的核心理论支撑。它们为理解教师的社会/文化背景与他们对学生行为的情感反应之间的关系提供了一个重要视角。

2.2 教师情绪

2.2.1 为什么研究教师情绪?

2.2.1.1 教师的情绪与教师的身心健康

教师的情绪劳动

教师在课堂教学的过程中需与学生进行互动、交流(Frenzel et al.,2009a)。Ashforth 和 Humphrey(1993)以及 Hochschild(1983)指出,教师的职业要求包括进行人际互动,这需要工作者产生特定的情绪以获取服务者和接收者双方的满意。因此,教师是否能够做好教学工作,与其能否做好师生之间的情绪互动密切相关。这种包括了展现和抑制情绪表达的工作过程被

Hochschild（1983）称为"情绪劳动"。

类似于体力劳动，情绪劳动也有两大特征（Hargreaves，2000）。一方面，如果教师制造情绪是为了满足自身目标时，这一劳动就是一种享受的过程；另一方面，当教师为了迎合他人的利益而隐藏自身的感受时，这一劳动就变得非常有压力。情绪劳动的第二特征在教师的职业倦怠感中扮演了至关重要的角色（Maslach et al.，2001）。

教师主要在以下三种情况中需付出情绪劳动。第一，教师的核心责任就是教授学生（Diamond et al.，2004），为了在课堂上吸引住学生的同时保持课堂秩序，教师需要进行大量的情绪工作。第二，作为学校系统的成员之一，教师需要处理好自身与校长或其他同事的情绪关系，以寻求一个舒适的工作环境（Burke & Greenglass，1993）。第三，教师与家长之间的互动也消耗了教师大量的情感劳动，而这种互动经常被教师认为是不必要的（Lasky，2000；Hargreaves，2000）。

情绪疲惫与教师的工作倦怠感

如上文所探讨，教学职业需要教师与学生进行紧密和亲密的互动，因此会使教师陷于从开心到狂怒等多种多样的情绪体验中（Isenbarger & Zembylas，2006；Chang，2009），这意味着，为了处理这一复杂的情绪工作，教师需要投入大量的心理活动，长期持续进行消耗性工作就有可能会抽空教师的情绪资源（Klassen & Chiu，2011；Tsouloupas et al.，2010）。Näring 等（2012）以及 Brotheridge 和 Lee（2003）认为这就是紧张的情绪劳动是导致情绪疲惫的关键因素之一。

Evers 等（2004）将情绪疲惫状态描述为人为了工作而消耗掉情绪资源，从而感受到筋疲力尽或消极时的一种状态。处于这一状态的教师有可能感受非常大的压力，对与学生之间、家长之间以及同事之间关系的处理缺乏自信（Tsouloupas et al.，2010），并且这也会给教师的"工作表现、工作态度和职员行为"（Tsouloupas et al.，2010:173-174）等带来大量消极影响。情绪疲惫的这一特征使其成了教师工作倦怠感的主要指标（Maslach et al.，2001）。

Maslach 和 Leiter（1997）认为，工作倦怠感可被认为是一个人在其工作中丢失了动机、激情和自信的一种心理综合症状。除情绪疲惫之外，还有两个因素——丧失兴趣和低成就感也会导致教师产生工作倦怠感（Maslach et al.，2008）。根据 Maslach 等（2001）的描述，丧失兴趣意味着人开始对周边其他事物漠不关心，在教学情境下可表现为教师不对其学生投入关注。而低成就感则可以被认为是一种疲惫和去人格化的结果（Chang，2009）。更具体地说,因为人对其工作逐渐疲乏而开始漠不关心,他就很难从现在从事的工作中获得成就感,作为结果,他就会丧失应对其工作任务的能力。

在近来针对教师身心健康的研究中,工作倦怠感被视为导致教师提前退出教学工作和教师行业人才流失的关键因素(Schutz et al., 2009;Hughes, 2001;Morris & Feldman, 1996)。因此,为了维护教学职业的稳定性以及提升教师的身心健康,学界还需要对教师的情绪疲惫和工作倦怠感进行更多的研究。

2.2.1.2 教师情绪与学生学习成果之间的关系

教师的情绪与教学行为

Frijda (1986)和 Lazarus(1991)认为,一个人为了使自己适应变化的环境,将根据自身的感受对自身行为进行管理。因此,教师的教学行为方式是为适应课堂中出现的状况而进行的情绪调试后的结果(Frenzel et al., 2009b)。这种适应可以用进化心理学来解释,进化心理学认为适应提高了生存的机会(Cosmides & Tooby, 2000)。从这方面来看,教师的教学行为将受到其在课堂上情绪体验的广泛影响(Hagenauer & Volet, 2014; Hargreaves, 2005)。

正如 Hargreaves(1998)提出的,"好的教学需要积极的情绪为之提供积极的鼓励"(835)。这是因为有着愉快情绪的教师会更容易接受困难教学情境中的挑战(Fredrickson, 2001)。教师在处于愉悦状态时,更容易想出积极的解决问题的办法,因此,他们在教学过程中会呈现出更多的创造力,展现出更多的精力(Frenzel et al., 2009b)。由 Sutton(2007)实施的一项研究发现,教师教学的高效性与其在课堂上的积极情绪表达存在联系。相反,若教师在课堂上感受到焦虑,他们则可能会严格遵守原始教学方案,尽量避免变化和未知状况,这导致的结果就是他们的教学会千篇一律而且枯燥乏味。

教师的情绪与学生的学习

由 Frenzel 等(2009a)实施的一项研究表明,教师在教学中所感受到的快乐与学生对其教学行为的评价呈高度正相关,同时也与学生感知到的情感支持相关。这一结果与 Frenzel 等(2009b)实施的另一研究发现类似,后者表明教师的情绪可传递给课堂上的学生。例如,教师对课堂的享受可表达为对教学的热情,而这一热情可通过微笑和展现幽默等在课堂上表现出来,然后,学生们可以感知到这些行为并将之转换为自身的积极感受。在这样的情境中,师生之间可以产生良好的情感沟通。

此外,Hargreaves(2000)以及 Klassen 等(2012)提出,情感互通在教师与

学生关系的培养中扮演着关键角色。根据 Meyer 和 Turner（2002）的研究，良好的师生关系有利于学生的学习。更准确地说，若学生享受与教师之间的互动，他们就会更加有自信去找教师寻求帮助；但是，若他们不享受这一互动，他们在遭遇问题时可能就会对教师采取躲避策略。也就是说，学生的学习效果与师生之间的关系有相关性。由此，为了提升学生的成就，教师情感作为联系教学和学生学习效果的中介还需要得到更深入的研究。

2.2.2　教师情绪的诱因

如前文所讨论的，触发情绪的因素可分为两种：环境诱因和个人素质诱因。在本节中，笔者将对教学情境下哪些因素/事件可被归为这两种诱因进行讨论。

2.2.2.1　与教师情绪体验相关的三大主要因素

根据 Chang（2009）构建的框架，影响教师情绪体验的因素可分为三类："个体因素、组织因素，以及相互影响性因素"（198）。

个体因素指明了"谁"可能发生情绪疲惫，包括教师的人口统计背景（例如年龄、性别、国籍）或个性（Friedman & Farber，1992）。尽管涉及年龄或性别对教师情绪的影响的研究结果存在差异（Friedman & Farber，1992；Zabel & Zabel，2001），但是在个性对教师情绪的影响的研究上还是有一些共同发现（Friedman & Farber，1992）。例如，自我评价低的或拥有更高期待的教师更容易体验到情绪疲惫（Maslach et al.，2001）。个体因素通常被归为个人素质诱因。

组织因素指明"什么"将对教师的情绪产生影响（Chang，2009）。在组织文化中，有三大主要因素对教师的情绪体验产生主要影响。第一大因素是学生的课堂行为。这一因素是最直接和最具支配性的教师情绪起因（Pines，2002；Evers et al.，2004）。第二大因素是制度环境。一个学校的经济状态、校长及同事的支持以及工作量都关系到教师的情绪体验和情绪疲惫（Brissie et al.，1988；Maslach et al.，2001）。第三大因素是家长的合作程度。这一因素对缺乏与家长打交道的经验的新手教师影响更大（Sutton & Wheatley，2003；Varah et al.，1986）。这三种引发教师情绪的组织因素可以被视为环境诱因。

相互影响性因素表述了"谁"将在"什么样"的情况中体验到积极/消极情绪（Chang，2009），它展示了"个体因素与组织因素之间的关系"（201），并解释了在面对同样的学生不当行为时，有些教师会感受到失望，而有些教师不会。

根据 Friedman (1995)和 Lazarus(1991)的观点,教师根据自身的目标和信仰(个人素质诱因)对遭遇到的事件(环境诱因)进行判断,因此,在处理扰乱性学生行为时,有些教师会感到工作倦怠,而另一些会感到还好。也就是说,个体因素与组织因素之间的关系的走向决定着教师最终的情绪。

2.2.2.2 教师情绪的环境诱因

依据先前讨论可知,在组织环境里有三项因素可影响教师的情绪体验,但学生的课堂行为这一因素与教师教学实践直接相关,对教师情绪影响最大,所以本研究致力于探究这一因素对教师情绪体验造成的影响,以期更好地洞察国际教师所面对的情绪问题,并了解教师职业倦怠感产生的缘由。

学生的课堂行为,尤其是不当行为,可被视为教师情绪的环境诱因。Berger(2000)将不当行为定义为对他人的不尊重或粗鲁行为。当放到教学环境中时,这一术语可被解读为学生破坏学习环境的干扰性行为(Morrissette,2001;Burke et al.,2014)。根据英国媒体的报道,英国的学生课堂行为恶化趋势趋于明显,而这一趋势对高等教育课堂产生了很大影响(Association of Teachers and Lecturers,2011;Department for Education,2013;Department for Education,2014;Department for Education and Skills,2005;Tahir,2007)。通过开展全国学生品行调查,Lee (2007)发现英国高等教育机构里的一些教师经历过非常严重的学生不文明行为,包括明显的无礼行为、威胁和肢体侮辱等。而这些学生的捣乱行为给大学教职员带来了严重的工作压力,妨碍了他们实现优质教学的能力(Keating,2016)。所有这些新闻报道都表明了研究学生不礼貌行为对大学教师情绪体验和心理健康的影响的迫切性和重要性。

正如 Alberts 等(2010)所述,学生的课堂不礼貌行为会破坏师生关系。接下来,笔者将论述探究学生不文明行为对教师影响的重要性。

首先,由 Royce (2000)实施的一项研究发现,印第安纳大学 1500 名教员中超过 80%的教员在调查中自述曾经经历过调查中列出的 30 项学生不礼貌行为中的 23 项。而更近期的一项研究显示宾夕法尼亚州某大学有近一半(47%)的教员自述课堂扰乱行为频率可从一学期几次高至一周多次(Black et al.,2011)。这一数据表明了学生不礼貌行为在大学校园中的广泛流行(Burke et al.,2014)。

其次,学生在课堂上的问题行为可直接影响教师的指导过程和教师的情绪(Gu et al.,2011)。如 Clark(2008)指出的,当学生冒犯了教师的尊严时,教师可能就会被激发出负面情绪(例如愤怒、害怕或敌意)。因此,从这个意义上来讲,教师的幸福感会受到学生不文明行为的严重影响。

最后,学生的不礼貌行为也会导致教师的工作倦怠感。Ingersoll(2001)的一项研究发现,400 名放弃教学职业的教师中约有 30％将学生的不当行为视为其放弃教学职业的重要原因之一。

以上揭示出学生的不当行为对教师的职业生涯和情绪健康有着深远的影响(Alberts et al.,2010)。然而,目前依旧缺少实证研究来检验学生的课堂捣乱行为是如何作为环境诱因激发教师情绪的(Frenzel et al,2009b;Chang,2009)。因此,本研究以情绪评价理论为理论基础,来探究教师对学生不良行为的评价与其情绪反应之间的关系。

2.2.2.3 教师情绪的个人素质诱因

如 2.1.2.1 中讨论的,一个人对眼前状况的关心程度将成为激发情绪的主要个人素质诱因,而在教育环境中,教师对某一情境的特定关心程度,在很大程度上取决于当时他的信仰、对自我身份的看法和目标(Schutz et al.,2007)。接下来,笔者将详细讨论这三种因素是如何作为诱因影响教师情绪的。

教师的信仰

信仰可以被定义为人们有意识或无意识的内在价值观,这些价值观塑造了人们的思维和行为方式(Borg,2001)。Vartuli(2005)认为,教师信仰是教学的核心;因此,它在指导教师的教学行为和描绘教师在课堂上的情感体验方面有着举足轻重的作用(Schutz et al.,2007;Xu,2012;Vartuli,2005)。它是教师对教学情境进行评价或判断时依据的标准,它使得情境对教师产生了某种特定意义(Schutz et al.,2007)。

和其他信仰一样,教师的信仰也存在两面。一面是他们对外部世界的信仰,另一面是他们对内部自我的信仰(Foley,2001)。在教学情境中,教师与外部相关的信仰包括他们对学生、课堂以及自己准备的教学材料的认可及关心程度(Raths,2001)。例如,教师可能会认为所有的学生都可在自己的班上学习,课堂上学生的多样性对其而言是一种优势而不是问题。

然后,教师对自我的相信程度可被视为他们的自我效能感(Bandura,1994;Henson,2001)。根据 Bandura(1994)的看法,自我效能感指个人对自己是否能完成特定目标的能力的信心。教师的自我效能感指教师对自身能力的评价,即评价他们自己是否有能力帮助学生实现预期的学习成果或预期的学业表现(Hoy,2000;Tschannen-Moran & Hoy,2001,2007)。在教学情境中,教师在进行判断时主要涉及三种效能感,分别是"学生投入效能感""教学策略效能感"和"课堂管理效能感"(Tschannen-Moran & Hoy,2001:797)。

Bandura(1994)认为,人的自我效能感主要有四种来源。第一,对一件事的精通通常可直接提高一个人的自我效能感。若教师们在努力工作之后达到了其教学目标,则他们的成功将为其对自身教学能力的信心打下坚实的基础。第二,社会模型表明,如果一个人看到一个和他有相似能力的同辈人可以完成一项任务,那么他会相信自己也能完成这项任务。第三,社会性劝说意味着一个人可被(有经验的人)说服相信自己有能力完成目标。通过对这些说服的确信,教师的自信心得到了加强。第四,一个人的生理和情绪状态同样可能会影响到他对自身能力的看法。例如,坏情绪(例如压力和无望)可能会让教师在面对课堂上学生不当行为时变得脆弱,从而弱化他对自身解决困难的能力的信心。

教师的效能感可随着这四种来源的变化而变化(Henson,2001)。生活中的小小变化就有可能改变教师的自我效能感,使他们的情绪反应转向另一方向。例如,工作经验的积累可使教师在授业时感到更加自信(Tschannen-Moran & Hoy,2007)。那么在面对类似的状况时,经验丰富的教师与新手教师可能会产生不同的感受。基于这一原因,研究人员在探究使教师情绪体验产生差异的影响因素时,这些属于教师背景的自我效能感的源头也应纳入考虑范围。此外,高度的自我效能感还将有助于教师的教学,因为他们相信自己拥有实现自身目标的能力,从而就有更大的可能有更好的教学表现(Bandura,1978)。正如前面所讨论的,教师的自我效能感会受到其在课堂上的情绪状态的影响。因此,为了提升教师在教学与课堂管理上的自信,对教师的情绪体验及其如何影响教师工作的研究十分重要。

最后,教师的信仰同样对以下两种个人素质诱因有着广泛影响。

教师对自我身份的看法

根据 Sachs(2005)的观点,对自我身份的看法指人们认为自己是什么人。它反映了个人在特定状况中的特定行为或思考方式(Gee,2001)。基于这一定义,教师身份可以看作是教师为自己描绘的内在形象(Anspal et al.,2012)。也就是说,教师对自我身份的看法将影响他们的思考方式和感受方式(Sachs,2005)。Schutz 等(2007)认为,教师对自我身份的看法和其情绪体验之间存在相互作用的关系,他们对自身形象的特定看法将诱导他们在特定状况中的感受,反过来,他们对某事件的感受可能会导致其自我形象的重塑。例如,那些认为自己是课堂上的权威的教师将有意避免在其学生面前显露某些情绪(例如焦虑),假使他的某些不当情绪被触发而显露出来,他可能就会认为自身不具备足够的职业能力。换言之,教师的情绪体验不仅是其对自我身份看法的映射,还可能重塑他们对自我身份的看法(Schutz et al,2007)。由于这一相互作用关系,教师的情绪体验有极大的可能会限制或提升其对自身实现专业表现的信心(Zembylas,2003)。因此,研究教师的情绪对了解教师对自我身份的看法具有重要意义,值得未来教育心理学研究人员对此复合领域进行更多的探索(Beauchamp & Thomas,2009)。

教师的目标

根据 Ford(1992)以及 Schutz 等(2001)的观点,目标可被视为期待,更具体一点,即个体希望他的世界达到的一个状态。教师的目标可由其生活的社会环境以及其自身特性(例如信仰和对自我身份的看法)构建。它是一种更为具体化的个人素质诱因,可以被视为"关心"的核心点,所以它直接关系到教师在教学过程中的期望和情感体验(Schutz et al,2007)。它可以被看作指导教师思维的参考,它进一步明确教师在教学过程中的情感体验。反过来,教师特定的积极和消极感受可能会使他们改变内心目标以达到更好的教学效果。基于这一陈述,若想要更好地理解教师的情绪体验,应将教师自身的特定目标作为个人素质诱因的关键组成进行研究。

就像之前提到的其他认知关系一样,教师的目标、信仰,以及对自我身份的看法和情绪之间的影响也是相互的。然而,到目前为止,关于探寻教师信仰、对自我身份的看法和目标对其情绪的影响方式和影响程度的研究依然较少。

2.2.3　情绪评价与教师的情绪体验

2.2.3.1　教师对情绪的主观体验

教师在教学中会经历多种多样的情绪。根据情绪效价的分布(见图 2.3)这些情绪可分为积极情绪和消极情绪(Watson & Clark,1992)。

积极情绪

Sutton 和 Wheatley(2003)的一项综述表明,教师最常体验到的积极情绪是对他人的关怀感。尽管高校教师或男性教师同样反馈了关怀其学生的情绪(Hargreaves,1998;Sutton,2000a),但是来自小学的女性教师反馈了更高频率的爱和关心的感受(Woods & Jeffrey,1996)。

教师经常体验的其他积极情绪有愉悦和满意(Sutton & Wheatley,

2003)。教师在看到学生表现达到他们的期待时会产生这些感受(Sutton，2000a；Frenzel et al.，2009b)。此外，若学生有了意外的进步，教师还可能会感到激动(Nias，1989)。

总而言之，学生的合作、同事的支持以及家长的尊重均可以成为教师积极情绪的来源(Sutton & Wheatley，2003)。

消极情绪

许多研究中最常讨论的教师体验的消极情绪是愤怒和失望(Chang，2009；Frenzel et al.，2009b；Sutton，2000a；Sutton & Wheatley，2003)。愤怒情绪于教师在课堂上看到学生不当行为时产生(Spilt et al.，2011；Tsouloupas et al.，2010)，且可能会因教师自身的疲累感和压力感而加剧(Nias，1989；Sutton，2000a；Sutton & Wheatley，2003)。新手教师因为缺乏经验而更容易感到焦虑(Coates & Thoresen，1976；Varah et al.，1986)。

其他消极情绪如无望、悲伤、愧疚等可于自我效能感低的教师遭遇不受控状况时发生(Kelchtermans，1996)。许多教育心理学家认为，令人不快的情绪是导致教师情绪疲惫的关键因素，而且在这些消极情绪中，愤怒、焦虑、失望、愧疚/羞愧和悲伤等是导致教师情绪疲惫的主要因素(Carson，2006；Chang，2009；Van Horn et al.，1999)。

在课堂情境中，教师的情绪体验与学生的表现紧密相关(Frenzel et al.，2009a；Chang，2009)。换言之，教师对达到其教学目标的期待与学生学习的结果是其课堂情绪体验的来源。此外，如果一个情境与个人成就相关，人们就通常期望在这个情境中的活动能取得一定的成果。例如，教师在课堂上进行教学和与学生互动时，他们都对结果抱有期待，且无论结果是否达到他们的期待，与期待相关的某些情绪都会产生，而这些情绪被命名为成就情绪(Weiner et al.，1979，Pekrun，2000)。

Pekrun 等(2002)通过五个量化研究总结出了几种学术情境下的与成就相关的情绪。他们的研究一共发现了九种情绪，其中，四种(自豪、希望、享受和信任)为积极情绪，五种(无望、愤怒、焦虑、羞愧和厌倦)为消极情绪。随后，他们基于三种主要教育场景对这些情绪进行了分类。这三种教育场景分别为"(学生)上课、学习和参加考试"(Pekrun et al.，2005:3)。详细地说，学生在上课时经常体验到的情绪为"享受、希望、自豪、愤怒、焦虑、羞愧、无望和厌倦"(Pekrun et al.，2005:3)。学生在学习时体验到的情绪与上课时一致，而在考试时体验到的情绪则为"享受、希望、自豪、信任、愤怒、焦虑、羞愧和无望"(Pekrun et al.，2005:3)。

　　然而,在当代的教育心理学领域,当谈到与成就相关情绪时,大多数研究讨论的是与学生学习和其成就相关的情绪,仅有极少一部分涉及教师在授业过程中的成就情绪(Sutton & Wheatley, 2003; Pekrun et al., 2002)。如Frenzel 等(2009a)所述,因为学生的学习情绪可以作为教师评估其教学方法和教学状态的参考指标,教师在课堂上的情绪会随着学生情绪的变化而变化(Pekrun et al., 2002)。学生的在校情绪与教师的教学紧密相连,它们指引着教师教学目标的设立和教学方法的使用,更明确地说,若教师想要自己的学生在学校活动中体验到更多的积极情绪,他们会首先期待自己能够提供积极的情绪影响。在此意义上,学业情绪可在师生间相互转移。

　　基于先前研究中发现的这一传递理论,本研究决定将学业情境中发现的成就情绪(Pekrun et al., 2002)作为观测对象。另外,由于目前的研究主要关注教师在课堂情境中的情绪体验,因此本研究在设计量化问卷时主要采用了与课堂相关的消极成就情绪(愤怒、焦虑、羞愧、无望)。本研究设计排除积极情绪的理由如下:第一,如之前讨论,消极情绪是教师情绪疲惫和职业倦怠的主要原因。因此,研究教师为什么会倦怠,是一个更重要、更急需解决的课题。第二,本研究选用的触发教师情绪的环境诱因是学生的不当行为,因此,假设教师在课堂上遭遇学生不当行为会产生积极情绪体验是不太恰当的。

　　此外,由于本研究分析的是教师对课堂上学生不当行为或不礼貌行为的情绪反应,所以除学业情绪之外,还引入了一些其他情绪。悲伤即是引入的情绪之一,虽然它被 Pekrun et al. (2005)归为测试相关情绪,但在之前的类似研究中均有提及(Day & Leitch, 2001; Isenbarger & Zembylas, 2006)。例如,由 Mishna 等(2005)实施的一项量化研究发现,教师在其课堂上看到恃强凌弱的行为时将会感到悲伤。除悲伤外,本研究检验的另一消极情绪为厌烦,因为这一情绪在预实验中被许多参与者提出。

2.2.3.2　情绪评价模式与教师的单个情绪

　　如前所述,学生的课堂行为是教师情绪的来源,但教师在看到这些行为时会感受到什么样的具体情绪则取决于他们对这些刺激来源的评价。人类的评价具备很多维度,人在对眼前状况进行判断时,这些维度将一起作用,使人产生具体的情绪类型。Pekrun(2000,2006)指出,在学术背景下,主观控制力(subjective control)和主观价值观(subjective value)这两个维度会参与与成就相关的情绪的产生。后来,Pekrun(2006)和 Pekrun 等(2007)通过整合一系列理论的假设,提出了"控制力-价值观"理论(control-value theory)以解释学生的成就相关情绪,这些理论包括"期望值与情绪理论(Pekrun, 1992;

Turner & Schallert，2001)、成就情绪归因理论(Weiner，1985)、知觉控制理论(Patrick et al.，1993；Perry，1991)和那些涉及情绪对学习和学业表现影响的理论模型(Fredrickson，2001；Pekrun et al.，2002；Zeidner，1998)"(Pekrun，2006：316)。在主观控制力维度中，个人的原始期待和对结果的归因成为解释情绪诱因、结果与个人感受三者之间因果关系的关键因素。在主观价值观维度中，个人对行动和结果的重要性的判定是决定特定成就情绪产生的重要因素。为了清楚地解释主观控制力和主观价值观维度是如何造就具体的成就情绪的，Pekrun(2006)和 Pekrun 等(2007)首先将成就情绪分为两类：一类为与所参与的活动相关的情绪，而另一类为与活动结果相关的情绪。而后一类情绪又可分为两个次类：结果前瞻性情绪和结果回顾性情绪。从"控制力-价值观"理论中提炼出来的可用于解释与活动相关的成就情绪的关键成分是人们在活动中对自己行为的注意程度。一个人在一项活动中控制注意力的能力会导致快乐、愤怒、沮丧和无聊等情绪的产生(Csikszentmihalyi，2000)。此外，主观控制力维度中与结果前瞻性情绪(例如期待的愉悦、期待的放松、希望、无望和焦虑等)相关的因素是人们对收获成功和避免失败的期望。与结果回顾性情绪(例如自豪、羞愧、愤怒、悲伤)相关的关键因素则是人对结果的归因(Pekrun，2000，2006)。

Pekrun（2006）和 Pekrun 等（2007)关于"控制力-价值观"理论与成就情绪之间关系的研究解释了教育环境中学业情绪的产生和具化的过程，它是将情绪理论应用于教育领域的先驱，对本研究的创建和设计具有重大意义。

此外，许多情绪评价理论家(Lazarus，1991；Smith & Ellsworth，1985)认为，特定情绪评价维度的结合将导致特定情绪的产生(Demir et al.，2009)。换言之，即使环境诱因不同，只要情绪评价维度的结合相同，则激发出的情绪也应相同，而这一结合可被定义为评价模式(Roseman & Smith，2001)。一些情绪评价理论家提出了几项可用于解释某些积极情绪和消极情绪的系统性评价模式(Frijda，1986，2007；Ellsworth & Smith，1988；Lazarus，1991，2001)。例如，Pekrun 等（2007）使用了"控制力-价值观"理论来解释成就情绪。虽然他们后来试图从教师成就的角度拓展关乎研究教师情绪的新理论，但他们在研究中所包含的情绪评价维度和情绪有限，这致使他们在更大程度上解释教师情感体验的有效性受限。因此，除去"控制力-价值观"理论之外，本研究还采用了更系统化的、结合了更多种情绪评价维度的评价模式。

基于 Chang（2009）、Chang 和 Davis（2009）的表格以及 Lazarus(1991，2001)提议的评价顺序，表 2.2 列出了教师在遭遇学生不当行为时可能产生的六种情绪以及它们的情绪评价模式。左边第一栏列出的是五种情绪评价维度,此栏的最后一项"相关核心主题"是指人们在感受到此情绪时所持有的核心信仰(Lazarus,1991,Chang,2009;Pekrun,2006)。由此表可看出,在以下六种消极情绪的产生过程中,个人在"现实与目标的相关性"和"现实与目标的不协调度"这两个情绪评价维度上的反应都很高(Lazarus,1991)。

表 2.2　教师在遭遇学生不当行为时的六种情绪及其评价维度

情绪评价维度	愤怒	厌烦	焦虑	羞愧	悲伤	无望
现实与目标的相关度	高	高	高	高	高	高
现实与目标的不协调度	高	中	高	高	高	高
责任划分	他人	他人/环境	环境	自身	无责任/自身	环境
控制潜能	高	高	低	高	低	低
相关核心主题 (Lazarus,1991, 2001)	对我或我相关的事物的诋毁	涉及被反复行为激起愤怒或感到被打扰	面临不确定的,且存在的威胁	违反了道德准则	想恢复损失而又无能为力	因可怕的结果无法弥补,而放弃希望

注:改编自 Chang(2009:206)。

接下来,笔者将在教育学背景下运用评价理论解释教师的这些具体的情绪体验。

愤　怒

当教师看到学生在课堂上做出不当行为时,可能就会产生一些消极情绪。在这一情境中,若教师认为这些行为都是学生的主观过错,则此情绪将成为愤怒或厌烦。类似的场景还有学生故意破坏课堂纪律,有才能的学生因为懒惰而未能完成学习任务,以及在言语上侮辱教师或做出不尊重教师的行为等(Brophy & McCaslin,1992;Prawat et al.,1983)。

厌　烦

厌烦的评价模式与愤怒的十分类似,它同样发生在教师认为是学生的过错而导致未达成教学目标的情况中。但是,还是有情绪评价维度可以将二者区分开来。如表 2.2 所示,教师感到厌烦而不是愤怒的原因,可能是教师觉得学生的不当行为与其教学目标不一致的程度不是很高,即学生的不当行为可能并没有对课堂产生非常坏的影响,或并没有严重妨碍其教学目标的达成。此外,如 Siegel(1986)所述,厌烦的强度低于愤怒,因此,教师们可能更愿意在调查报告中说出这种更能被社会接受的情绪,因为如果他们说自己在课堂上常感到愤怒,可能会让他们听起来不太专业(Liljestrom et al.,2007)。Kassinove 等(1997)也发现了这种偏好,他们共调查了 747 名美国教师和俄罗斯教师,发现在参与者的报告中,"愤怒"一词的出现频率低于"厌烦"。

焦　虑

当人对形势感到不确定时,就会产生焦虑情绪。那么当教师在课堂上遭遇他之前未遇到过的事件,同时他又无法确定是自身还是学生的问题导致这样的情况出现时,他可能就会感到焦虑,特别是当这位教师认为自己控制场面的能力很低时。例如,Coates 和 Thoresen(1976)指出,当教师手头没有足够的教学材料时,他可能会感到高度焦虑,因为学生可能会提出出乎意料的问题,而他对此情况又不具有掌控力。此外,这一情绪在缺乏经验的新手教师中更容易出现(Coates & Thoresen,1976)。

羞　愧

如表 2.2 中所示,羞愧是教师将教学目标未达成的原因归咎于自身时的感受。它是一种涉及个人所信仰的道德和社会规范的情绪(Lazarus,2001)。当教师将保障学生的卓越课堂表现视为己任时,那么在学生的行为没有达成这一目标且他觉得是自己的问题时,就可能会感到羞愧或内疚。此外,Hargreaves 和 Tucker(1991)总结了四项容易导致教师产生羞愧情绪的信仰:第一是幼儿教师在照顾幼儿时做出的承诺;第二是植根于教师职业使命中的传统道德准则;第三是教师个人对课堂的负有较高的责任感;第四是个人对完美主义的追求。

悲　伤

尽管悲伤是教师在课堂上相对较少显露的情绪(Sutton & Wheatley,2003),但还是有一些状况可能触发教师的这一感受。Schutz 等(2009)注意到,教师对学生过度关心时容易产生悲伤情绪。在他们的访谈调研中,有一位教师提到,当她看到一位有天赋的学生因家庭贫困而使学业受到严重影响时,她感到了悲伤,而这一情况通常发生于初等教育的情境中。还有一种可能让教师感到悲伤的状况是其自我能力或人格受到贬低而自身应对或扭转眼前状况的能力不足时,重建自我的无望让他感到悲伤(Lazarus,2001)。这一情况常亦见于新手教师(Intrator,2006)。

无　望

Pekrun（2006）认为,存有希望或感到无望是与对结果的期待相关的一种情绪。例如,若一位教师对其学生的课堂表现抱有积极期望,而且基本能控制这一期望的实现,那他就会对教学目标的实现存有希望;相反,若教师预期的是学生的消极表现,且没有什么能力改变现状,则他有极大的可能会感受到无望。

2.3　文化背景和教师情绪

2.3.1　为什么研究国际教师的情绪?

随着全球化程度的加深,越来越多的教师在海外教学,同时本土教师课堂中的海外学生也不断增多（Wlodkowski & Ginsberg,1995;Weber,2007）。英国大学联合会（Universities UK,2007）的 2005—2006 年政策简报显示,有31477 名非英国人在英国高等教育机构担任教师,他们占全部教学人员的19.1%,并且这个数字还在不断增长。这表明英国高等教育机构拥有文化多样性较强的教学环境。教师面对的学生来自不同的国家,学生也会遇到文化背景不同的教师。在这种情况中,若师生的文化背景不同,不同文化规范和价值观的碰撞可能会造成教师的教学和学生学习陷入混乱当中（Hofstede,1986;Volet & Ang,1998）。

以下研究揭示了国际教师可能遇到的障碍。Hofstede（1986）阐述的情境表明:"若北京一所外语学校的一名美国教师在课堂上对学生大声说'你很可爱,我爱你哦',那么他的学生会感到一丝丝害怕。一位在美国教书的意大利教授对学生被要求对他的课程进行正式评估一事抱怨不已。在非洲大学教学的一名印度教授遇到的情况是,一名学生在课程开始六周后才来上课,但是因为这名学生和院长来自同一个村庄,这名教授必须允许他来上课。"(301)这些教学情境中的文化差异让教师更难以评定环境,更容易产生负面情绪（Sutton & Wheatley,2003）。

另外,根据 Alberts 等（2010）的研究报告,国际教师遭遇的具有敌意的学生行为,要比本土教师更多一些。原因可能是种族主义和性别歧视等社会问题导致这部分教师成了弱势群体。特别是,若国际教师的签证取决于他们的聘用机制,他们会对学生的不当行为更加敏感,因为这些行为可能会对其工作机会产生威胁(Alberts et al.，2010)。所以，国际教师往往会认为学生的行为对其更有针对性。

根据上文讨论的问题，研究人员可假设国际教师在国外工作，面对新的文化背景，其自身的文化价值观和信念会遭受挑战(Hofstede，1986)；依据情绪评价理论，国际教师若按旧观念评判新环境，则可能会产生一些不适情绪(Sutton & Wheatley，2003；Schutz et al.，2009)。这也就是说，国际教师的情绪体验(例如焦虑、愤怒和愉悦)可能会与本土教师不同或者更强烈，并且与学生的情感互动会非常复杂(Sutton & Wheatley，2003)。这种复杂性可能对教师的情绪健康和职业生涯造成伤害。Sutton 和 Wheatley(2003)和 Chang(2009)又指出，目前还未有足够的研究调查并证实这些问题是否会影响国际教师，以及会在多大程度上影响他们。因此，这一领域迫切需要更系统的实证研究。

Bodycott 和 Walker(2000)指出，过去几十年的国际教师教育研究主要关注的对象是在发展中国家教书的来自发达国家的教师。目前，随着发展中国家经济的不断发展，加上发达国家对文化多样性的需求也在扩大(Feachem，2001)，越来越多来自发展中国家的教师开始前往西方发达国家教书(Starr，2009；Stephens，2014)。但是目前教育心理学界对国际教师的研究较少，迫切需要全面科学的研究来探究这类人群在新教学环境下的情绪体验(Sutton & Wheatley，2003；Chang，2009；Meyer，2009)。因此，本研究将目标群体锁定为在英国教书的中国教师。

2.3.2　文化背景对情绪的影响

2.3.2.1　文化的定义与构建

在不同的研究领域，对"文化"这一术语的定义是不一样的(Eliot，2010)，本研究选取的对文化的定义可以说明文化在心理学研究中所起的作用。本研究中的文化是"在社会群体间共享的"(Hwang & Matsumoto，2013：22)，"可被创造和传播的价值观、想法和其他具有象征意义的体系内容和模式"(Hwang & Matsumoto，2013：4)，并且这些模式可塑造人们的行为，使其更适应其所在的社会群体(Adler，2013；Hofstede，1980)。进化心理学家们指出，人们之所以坚持文化规范和信仰，是因为人们这样做可以获得来自群体的支持，增加其在社会群体中的存活概率(Cosmides & Tooby，2000；Lazarus，1991)，这是婴儿与生俱来的一种本能(Adler，2013)。基于这种适应社会的本能，具有相同文化信仰的人在理解和判断眼前事物时往往会表现出相似的反应倾向,即使他们自己不知道是什么在引导他们的反应(Lazarus,1991)。

IBM 公司收集了来自 40 个不同国家的 116000 名员工的基础数据,Hofstede(1980,2001)在分析了这些数据后,首先提出使用四个文化维度来阐述各种文化背后的价值观和规范,即个人主义/集体主义、权力差距、不确定性规避,男性气质/女性气质。

(1)个人主义/集体主义是指在文化群体中,人们是否倾向于牺牲自己的意愿或利益以满足群体需要。一些文化鼓励人们更重视自己的意愿,而不是群体的需要,则是个人主义。

(2)权力差距是指群体使地位更低的成员接受社会权力差异的程度。权力差距越大,该文化中地位较低的成员就越不敢挑战地位更高的成员的社会地位或利益。

(3)不确定性规避作为文化的一个要素,是指一个社会群体中的人能够在多大程度上接受社会上不明确的变化,或者坚持其信念或策略来规避这些变化。一个文化越重视不确定性规避,越害怕变化,处在这些文化群体中的人在面对不确定的情景时就越富有攻击性,越情绪化,越希望获得安全感。

(4)男性气质和女性气质是指一种文化维度的两极。更具男性气质的社会重视成功和金钱并且慕强,更具女性气质的社会则更关心弱小并重视人际关系。

此外,Bond(1988)提出了一个新的由"中国学者提出的价值观"组成的问卷,用来测量 23 个国家的学生的文化态度。Hofstede(2001)从此研究中又发现了第五和第六个文化维度,分别是长期导向/短期导向和放纵度。这两种维度认可了孔子对东方文化的影响,并且常被用来探究东西方思维方式上的差异。这两种维度如下:

(5)长期导向/短期导向是指人们对待眼前生活的态度。长期导向高的社会,人们倾向于节俭、积累、容忍和传统,追求长期稳定和高水平的生活。

(6)放纵度是指一种文化是倾向于让人们直接享受生活还是倾向于让人们控制纵欲的行为。

第五和第六个维度可作为前四个维度的补充。

Hofstede(2001)指出,虽然以上文化维度普遍存在于各种文化中,但是不同的文化群体对维度中价值观的重视程度不同,由此产生了文化差异。

2.3.2.2　文化和情绪诱因

Mesquita 等(1997)指出,跨文化情感诱因既有相似之处,也存在不同,并且他们在调查后发现,多数相似点存在于环境诱因中,多数不同点存在于个人素质诱因中。下文将分别探讨文化对环境诱因和个人素质诱因的影响。

文化对环境诱因的影响

数名研究人员(Scherer et al.，1983；Scherer & Wallbott，1994)发现在不同国家中,情绪诱因存在非常明显的相似之处。根据 Boucher 和 Brandt (1981)在四个国家(美国、马来西亚、韩国和萨摩亚)开展的两轮识别测试,每一文化群体中的参与者均可识别出其他文化群体参与者展现出的情绪诱因,并且识别比例达到 65% 以上。这一结果极有力地证明了类似的事件会引发人类产生某种类似的情绪(Mesquita et al.，1997)。

回到教育领域,正如上文所述,在课堂中,学生行为是教师情绪的主要情境诱因。因此,不同国家的教师是否在课堂中面临着类似的学生不当行为是个必须要讨论的问题(Ding et al.，2008)。1988 年,Wheldall 和 Merrett 调查了 32 所学校的 198 名英国教师,并根据研究结果总结出学生在课堂中的 10 类不当行为(例如上课抢话和迟到)。随后,Ding 等(2008)改编了 Wheldall 和 Merrett(1988)的调查问卷来探究中国教师对学生不当行为的看法。但是 Ding 等人在开始此研究前,先开展了一个访谈研究,以编制出一份符合当地环境和文化规范的调查问卷。他们采访了 8 名教师,并且发现这些教师提出的课堂不当行为基本都可按 Wheldall 和 Merrett(1988)的研究结果进行分类。只是他们在采访后发现教师对于一些学生行为的看法可能更具有"中国特色"。例如,中国教师认为学生聊天和抢老师的话不同,中国的课堂规则严格,并且中国教师认为大声说出答案破坏了课堂秩序,这与闲聊的性质不同(Ding et al.，2008)。这也就是说,虽然在不同文化中教师在课堂中的环境诱因基本类似,但是教师会采用不同方式解释这些诱因。

在环境诱因方面,文化差异可能会体现在一些学生行为在不同文化背景的课堂中出现的概率不一样。譬如,中国一所护理学院的教师报告的学生不当行为和出现概率如下:

没做好上课准备(85%)、在课堂上睡觉(76%)、表现出无聊和不感兴趣(75%)、不断讲话且注意力分散(66%)、上课迟到(60%)、不专心(57%)、在课堂上使用手机或寻呼机(55%)。(Clark et al.，2010,Burke et al.，2014)

相比之下,英国一项类似的研究发现,教师在课堂上受到学生手机干扰的概率为 94%;学生上课迟到的概率为 91.4%;学生在课堂上表现出无聊的概率为 82.4%(Attwood，2009)。这些数据揭示的问题是,若在教师母语国中,某些学生行为的出现频率低,但在教师工作所在国中,这些学生行为的出现频率高,教师则可能难以处理这些在其国内教学环境中不经常出现的不文明行为。

文化对个人素质诱因的影响

正如 2.1.2.1 所述,情绪的主要个人素质诱因是人们在看到眼前所发生的事件时的"关心"程度,关心程度取决于信仰、目标和身份(价值观)(Ellsworth & Scherer, 2003；Pekrun et al. 2007；Frijda, 1986；Lazarus, 1991)。因此,本节讨论的主题是文化对个人素质诱因的影响。

如前文所述,文化价值观的六个维度广泛存在于各种文化当中,但 Mesquita 等(1997)指出,当谈及某个独立的文化时,我们需注意到不同的文化群体在每个维度上可能有不同的价值观倾向。因为本研究关注的是中英两国的教师群体,所以接下来讨论的焦点是中英文化的核心文化价值观。

笔者将按 Hofstede 中心网站列出的文化价值分数,讨论和比较中英两国的价值观倾向(参见图 2.4)。Hofstede 中心是 Geert Hofstede 教授与他人共同成立的组织,这家组织根据 Hofstede 的研究结果,向有意从事相关文化活动的人提供管理工具和证书课程；如想了解更多信息,可访问 https://geert-hofstede.com/the-hofstede-centre.html。

首先,中英两国差异最大的文化维度是个人主义/集体主义。根据 Hofstede 的分析,个人主义差距分值为 69 分(见图 2.4)。因为亚洲哲学重视的价值观之一是寻求社会和谐,所以亚洲人倾向于表现出集体主义的民族主义特征(Leu et al., 2010)。许多跨文化研究结果都反映出这一点(Triandis et al., 1993；Brew et al., 2001；Mesquita & Ellsworth, 2001)。如 Fan (2000)所述,中国人将群体利益置于个人利益之上,并且崇尚拥有一种社会归属感,因此他们的社会行为通常以群体为导向。而西方文化则相反,他们强调个人主义(Heine et al., 1999),鼓励人们独立思考和行动(Mesquita & Ellsworth, 2001；Hofstede, 2001)。正如前文所述,在英国生活应遵守的基本原则之一是个人自由。英国《邮报》(Telegraph)的一项报告(2005)也指出,英国价值观重视个人自由和私有财产的所有权。

在权力差距这一维度上,中英两国最大的差异是,中国人更倾向于接受比自己地位高的人的指导,而英国人则更愿意接受规则的指导(The Chinese Culture Connection,1987；Home Office British Council,2013)。此维度上中英分数的差距是 45 分。正如 Ho 和 Chiu(1994)所述,中国鼓励人们对上一级的忠诚并尊重权威,社会地位的等级关系非常清晰,并且整个社会都在强调这一关系(Ho & Chiu, 1994)。相对而言,英国文化更强调社交中的平等关系(Parekh, 1992, 2007)。英国《邮报》的报告(2005)指出"除了公平和权利,撒

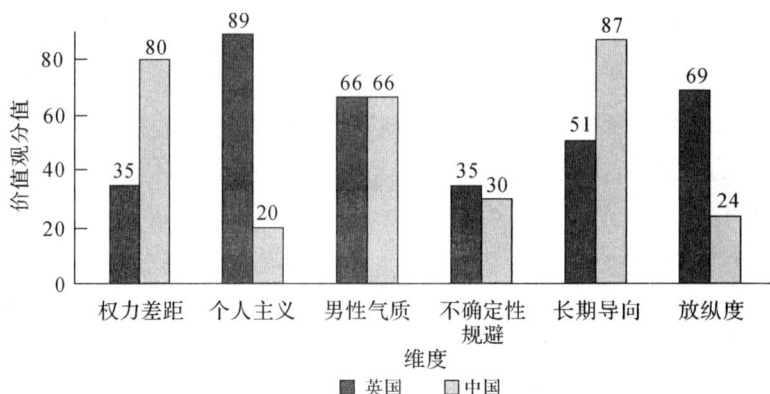

图 2.4　中英两国文化价值观的对比

备注：本图改编自 Hofstede 中心的网站 https://geert-hofstede.com/united-kingdom.
html,检索时间是 2016 年 8 月 28 日。

克逊人……对待任何事情都不严肃"。

　　在不确定性规避这一维度上,中英两国的分数都很低(参见图 2.4),这表明两国人民普遍不害怕遇到未知的情景(Hofstede,2003)。英国人常说的俗语"摸索前进(muddling through)"很好地反映出英国人对未知或困难环境的看法(Cornish & Dorman,2012;Parsons,2002)。中国的"识时务者为俊杰",即"懂得历史发展趋势的才算聪明杰出的人",反映了古代中国人积极适应新环境的智慧。

　　中英两国的男性气质水平都很高(66 分)。这也就是说,中英社会均看重成功和努力工作的精神。但是 Hofstede 中心指出,这种结果与英国社会普遍表现出的谦虚品格相矛盾,Hofstede 中心认为嘲讽和讽刺文化在英国文化中大行其道是产生这一矛盾的原因,英国人往往使用特有的幽默感掩盖工作或生活的艰辛,在面对逆境时他们习惯"咬紧上嘴唇"(Machin & Williams,1998)。在中国文化中,努力工作和坚持是主要的原则(Harrell,1985)。中国现代人全年每天平均工作 8.8 小时也反映出这一原则(Phillips,2015;Wong et al.,2007)。中英两国在女性气质方面的品质也很类似:如 Fan(2000)和 Home Office(2013)所述,宽容他人和以社区/家庭生活为中心的价值观对中英文化都很重要。

　　就长期导向这一文化维度而言,中国比英国更重视长期导向。这意味着中国人普遍更务实。他们考虑到未来,并且奉行节俭或坚持不懈地为未来做准备,而英国人在这一维度的分数则在中等水平。

最后,与英国相比,中国是一个放纵文化比较不流行的国家。也就是说中国人倾向于认为生活是艰难的,是由责任构成的,而英国人则更倾向于追随他们的冲动,在生活中获得自由。

虽然以上这些文化维度在不同文化中是普遍存在的,但不同的文化群体对各维度中的价值观给予了不同的优先级(Hofstede,2001),文化差异也由此而产生(Mesquita et al.,1997)。

根据上文讨论的文化价值观,某些情绪理论学家(例如 Leu et al.,2010;Markus & Kitayama,2001)提出以下数种情绪文化模型来阐述文化对情绪的影响。

情绪中庸模型和乐观的文化情绪模型

Bond(1993)指出,因为中国人认为极端的愉悦和愤怒这类情绪对人的内在精神有害,所以中国人更少产生极端情绪。这种有节制的情绪体验可被视为情绪中庸模型(Bagozzi et al.,1999;Leu et al.,2010;Niedenthal et al.,2006),此概念最早可追溯至中国的古代哲学——道教。道教主张整个世界由阴和阳组成,两者应保持平衡,世界才能保持稳定与和平(Bond,1993;Hofstede,2001)。根据道教和佛教的观点,过度追求幸福是不幸的根源,在不断追求幸福的过程中,人们会屈从于自己的欲望,从而遭受贪婪之苦(Lu,2001;Lenoir,2015)。

相较而言,受到西方文化影响的人们通常更倾向于产生乐观的情绪(Niedenthal et al.,2006),Leu 等(2010)将此称为乐观的文化情绪模型。这种模型源于文艺复兴时期出现的人文主义哲学(Taylor,1999)。人文主义哲学倡导个人主义价值观,并强调人有权为自己谋取幸福(Nauert,2006)。因此,受到西方文化影响的人们不会将极致的幸福与不幸联系起来,他们体验或表达的情感会比亚洲人更强烈(Niedenthal et al.,2006)。这种情感倾向的差异可能会导致中英教师存在性格倾向差异。

社会融入型情绪模型和社会脱离型情绪模型

另外两种模型也可说明情绪会受到不同文化的影响,即社会融入型情绪模型和社会脱离型情绪模型(Kitayama et al.,2006)。这些模型的构建来源于文化中的集体主义和个人主义,它们主要集中解释社交过程中产生的情绪(Kitayama et al.,2006)。准确地说,若一个社会的文化极为重视集体主义,身处这个社会的人就会拥有相互依存式的社会身份(Gundlach et al.,2006),这意味着他们认为在社会交往中,一个人有义务与群体中的其他人和谐共处。

正如 Fan(2000)所述,中国人在社会交往中会努力赢得他人的尊重(可理解为"面子")并尊重他人。当人们为这种和谐状态做出贡献时,他们会产生积极的社会情绪(例如尊重和友好),并且他们感到更有"面子";但是这个和谐状态如果被打破,"丢脸"的感觉会导致人产生羞愧或愧疚等负面情绪(Gausel & Leach,2011)。这种情绪产生方式被称为社会融入型情绪模型(Kitayama et al.,2006)。

相较之下,若社会文化更重视个人主义,这个社会中的人们则拥有相对独立的社会身份(Kitayama et al.,2006),他们更关注独立的自我,而不是参与社会交往。因此,他们在社交中的情绪体验主要来自强化独立自我(出现自豪等情绪)或弱化独立自我(出现愤怒或沮丧等情绪)的情境(Mosquera et al.,2000)。这种情绪产生方式被称为社会脱离型情绪模型(Kitayama et al.,2006)。这些文化情绪模型均阐述了文化可能对一个人的个人素质诱因的影响。

2.3.2.3 文化和情绪评价

情绪体验的核心是情绪点(emotional episode),也被称为单个情绪(Schutz et al.,2009)。因此,如果要探索文化和情绪体验之间的关系,研究者的重点应放在研究文化如何影响情绪点的产生之上,而情绪评价理论正可用于解释这种影响。

为说明文化对评价行为的影响,Mesquita 和 Ellsworth(2001)提出普遍偶然性事件模型。准确地说,普遍是指评定模式和产生的相应情绪是相对稳定的。例如,若学生行为未达到教师的教学目标(目标不一致),并且教师认为这是学生的过错(责任划分)时,只要教师是按这个评定模式判断学生行为的,他就极可能产生愤怒的情绪。Lazarus(1991)指出这种评定模式和产生的相应情绪是普遍的,但是教师判断过错在于自身还是学生,这就因人而异了。这种差异就是偶然事件(Mesquita & Ellsworth,2001)。继续刚才的例子,若学生行为未达到教师的教学目标(目标不一致),而国际教师认为这是由于其与学生不同的文化背景影响了其教学能力而导致的教学失败,他就可能会感到焦虑或悲伤而不是愤怒。这个示例说明,即使基础情绪和评价模式具有普遍性,但是来自不同文化背景的教师什么时候感受到某个情绪和以什么方式感受就大不同了。各种文化中的价值观的优先级造成跨文化教师拥有不同的看法,人们应由此认识到文化对评价行为产生的影响。

2.3.2.4　文化和情绪主观体验

情绪体验具有反射性意识,因此 Mesquita 等(1997)认为情绪体验不仅包括对多个情感部分的认识,还包括"反映个人的情感与社会准则或者社会期望间的匹配程度,以及认识到情绪对其未来社交活动的影响"(273)。这清楚地说明了情绪的适应功能,以及个人情绪体验和其所处社会的相互影响。这一点对于跨文化情绪研究具有重要意义。以在国外教学的教师为例,因为他们对教学地点所处的文化背景很陌生,这些教师群体不确定他们对学生课堂行为做出的情感反应是否符合当地的社会准则,而且他们在理解和接受当地社会对其情绪做出的反应时也会遇到问题。这类社交中的不确定性会造成国际教师的压力感和焦虑情绪,这也可能造成这部分教师群体经历的情绪疲惫比本土教师更为严重。

虽然目前对跨文化情绪体验的研究还不够系统,但是仍有一些实证研究能够证明文化背景的差异会对个体的情绪体验模式起到调控作用(Bond,1993;Mesquita et al.,1997)。

首先,Stipek(1998)进行了一项研究来考察可能会使中国和美国学生感到骄傲、羞愧和内疚的情况。该研究采用问卷调查法对 101 名中国学生和 78 名美国学生进行了调查。结果表明,受访的美国学生在考试作弊被发现时感到的内疚感和羞愧感要高于中国学生。

Matsumoto 等(2002)的研究表明,美国人表达的情感比其感受到的更强烈,而在情感感受和表达强度方面,日本人表达的情感强度就是其感受到的情感强度。在此次研究中,Matsumoto 等(2002)还比较了这两个国家的两种文化价值观(个人主义、集体主义和地位差异),以揭示导致这种差异的因素。然而,研究者们并没有发现美国参与者和日本参与者感知到的文化规范之间的显著差异。因此,他们认为要更深入地研究人们的情绪评价流程,发现哪些原因可能造成在不同文化背景下的人们产生不同感受。

以上这些研究都表明了来自不同文化背景的人在情绪体验上会有不同,但是目前学界对迁移到不同文化背景的人的情感体验的探究还不足,并且更少有人调研外籍教师的情绪,造成这方面的研究的缺少。基于此,笔者设计了本研究。

2.4 研究价值与研究问题

2.4.1 研究价值

近年来,教育心理学家已认识到研究教师情绪的重要性(Sutton & Wheatley,2003),并且也有不少学者开始研究教师情绪疲惫和工作倦怠感之间的联系(例如 Smylie,1999；Näring et al.,2012)。但是根据 Chang(2009)的回顾性研究结果,近期研究多从整体层面研究情绪疲惫,仅有少数文献会关注教师的单个情绪与其教学或工作倦怠感间的关系。Lazarus(1991)以及 Chang 和 Davis(2009)认为,长期体验特定类型的具体情绪会导致个人形成习惯性评价模式。换言之,若教师重复体验负面的情绪,他们就会倾向于总是负面地去评判未来学生的行为,这即是情绪疲惫的开始(Chang,2009)。因此,为有效提高教师的情绪健康程度,研究人员应将重点放在全面研究单个情绪和教师的工作倦怠感上。为实现这一目的,研究情绪的具体产生过程就显得很有必要了。学者们首先应当探究教师情绪产生的主要诱因(例如学生的不当行为)和教师不愉快的情绪。此前的多数研究(例如 Frenzel et al.,2009a,2009b；Meyer & Turner,2002)没有区分环境诱因和个人素质诱因在教师产生情绪时发挥的作用。情绪诱因不清晰会导致解释研究结果时遇到问题。例如,一些学者(Hosotani & Imai-Matsumura,2011；Schutz et al.,2009)在实验中使用的情绪诱因主要是文字描述的场景或让参与者回忆的特定场景,这些情绪激发工具都包含了受试者个人的想象,所以并不能很好地揭示受试者的情绪在多大程度上是由环境因素激发出来的。Zmud 等(2013)认为,在参与者填写调查问卷时,声音或视频情境能创造出更为真实、更为固定的情绪诱因。换言之,相较于阅读文字,观看视频片段会更加直接、明确地触发教师的情绪。此外,根据 Triandis 等(1998)和 Peng 等(1997)的结论,因为清晰固定的情绪触发情境可令参与者的决策更好地免受自身因素的干扰,所以在研究文化差异时最重要的一点是使用固定的环境诱因,这样,不同文化间情绪的对比才会更有意义、更可靠。因此,本研究对中英教师使用相同的学生课堂行为视频片段作为研究其教师情绪反应的环境诱因,以求更准确地找出造成两国教师情绪体验上异同的原因。本研究旨在建立起国际教师情绪的环境诱因、个人素质诱因与其具体情绪反应之间的关系,以弥补前人研究的空白,进而丰富学界对跨文化教学情境下教师情绪健康的认识。

另外,我们已知个人目标和信仰由文化塑造(Schutz et al.,2001),那么国际教师(例如在英工作的中国教师)在判断情绪诱因时,他们的原有文化信仰和目标会受到新教学环境的冲击。因此,他们产生的情绪有可能和本土教师不同或者更为强烈。但是目前还鲜有研究探查这一教师群体所经历的情绪情感。他们在新的文化环境中教学时会感到更强烈的紧张和焦虑情绪吗?他们会怎样理解来自不同文化背景的学生的课堂行为呢?这些问题都是促使笔者开展本次研究的原因。

综上所述,本研究旨在探讨学生的课堂不当行为、教师情绪与教师文化背景三者之间的关系,并试图揭示这三者之间的相互作用机理。本研究的结果不仅可帮助国际教师理解其情绪体验和学习如何调节情绪,还能帮助教学管理人员找到适合国际教师的培训方法,并且为未来该领域的研究者们提供借鉴,以求能更好地解决教师在跨文化教学背景下遭遇的情绪问题。

2.4.2 研究问题

正如之前提到的,教师情绪的产生取决于他对课堂上出现的情绪诱因(如学生行为)的实时判断(Frenzel et al.,2009b;Lazarus,1991)。教师在做判断时运用了自己的信仰或目标作为依据,而在很大程度上,人的信仰和目标又受到其文化背景的影响(Schutz et al.,2001)。因此,我们可假设来自不同文化背景的教师由于对学生行为的评价标准不同,在教学中产生不同的情绪。这种假设对国际教师情绪的研究具有重要意义。因为这一假设一旦得到证实,就说明国际教师在跨文化教学情境下的情感体验可与当地教师产生较大不同,那么这也预示着他们的心理幸福感和职业满意度也会有很大不同。但截至目前,并没有详细的研究来测试这一假设,业界学者也并不能明确国际教师产生的情绪比本土教师更积极还是更消极。因此,为验证这一假设,笔者提出了本研究的主要研究问题和前两个子问题:

主问题:
中英两国教师在面对相同的学生课堂捣乱行为时是否会产生不同的情绪体验?

子问题:
1)若主问题的回答是"是",那么这两个教师群体的情绪体验存在何差异?
2)若主问题的回答是"否",则为什么不存在差异?

最后,为了更深入地了解影响教师情感的因素,并为本研究结果提供适当的解释,以及为今后跨文化背景下的情感研究提供参考,笔者进一步提出第 3 个子问题:

3)哪些因素与中英教师情绪体验的差异/相似之处有关?

笔者按照这些问题,设计了本次研究使用的方法,详见第 3 章。

第 3 章　方法论

本章旨在回顾和讨论与本研究有关的方法论,并阐述本研究设计的哲学理论基础。在 3.1 和 3.2 中,笔者将回顾与社会科学研究范式和数据收集方法有关的文献;3.3 和 3.4 说明本研究的设计策略,并介绍三个子研究——问卷调查、日记追踪研究和访谈调查的设计过程;3.5 将讨论关于本研究的伦理考量。

3.1　研究方法综述

笔者将在本节检视各类社会科学研究范式,介绍和探讨定量范式、定性范式和混合方法的利与弊,说明本研究设计的理论基础。

3.1.1　什么是社会科学研究范式

根据 Guba 和 Lincoln(1994)的观点,范式可被视为"基本的信仰体系"(107)。一种体系包含一套基本信仰,它反映出个人的世界观。这些信仰定义和塑造了相信它们的人,并将这些人与外部世界联系起来(Guba & Lincoln,1994)。这些信仰是个人思考和行动的指南(Haq,2014;Scotland,2012;Mertens,2005)。因此,研究人员所采用的研究范式决定着调查目标、研究现象或群体将会被如何设定和看待。

Guba 和 Lincoln(1994)以及 Mertens(2005)指出,社会科学研究范式有三个重要组成部分,即本体论、认识论和方法论,这三个部分共同构成了研究社会现实的特定方式(Creswell,2002)。

本体论

根据 Smith(2003)的观点,"本体论是关于'存在'的科学,是关于社会现实的每一个领域中的对象、属性、事件、过程和关系的种类与结构的科学"

(155)。在设立一个研究的假设时,本体论抛给研究人员的问题是:你所调查的社会现象的"现实(reality)"是什么? (Guba & Lincoln,1994；Mertens,2005)不同研究范式下本体论对这一问题的回答也不同(Cohen et al.,2000；Creswell,2002；Scotland,2012)。例如,在实证主义范式中,现实是指完全客观的情况,"与个人无关"(Cohen et al.,2000:5),而从建构主义范式的角度来看,现实被视为人类看法的产物。

认识论

认识论是哲学的分支,它涉及的问题是知识的"本质"是什么? (Cohen et al.,2000；Guba & Lincoln,1994)认识论讨论了知识的来源和"求知者与未被挖掘的知识之间的关系"(Mertens,2005:8)。例如,如果一个研究者信奉世界是绝对客观的,知识可以独立于个体的解释,那么他在做研究时可能会把自己看作现象的观察者或参与者而非解说者(Creswell,2002；Guba & Lincoln,1994)。

方法论

作为范式的一部分,方法论阐述了研究人员在调查社会现象时可使用的方法或策略(Crotty,1998；Creswell,2002；Smith,2003),并说明了求知者该如何研究所谓的现实以及如何挖掘潜在的知识(Guba & Lincoln,1994)。在方法论的指导下,学者们可研究出许多用于收集数据的特定方法/方式。继而就出现了一个问题:研究现实的最佳方法是什么? 这个问题的答案取决于研究者心中所秉持的本体论和认识论假设(Cohen et al.,2000；Guba & Lincoln,1994)。

数位学者(例如 Crotty,1998；Cohen et al.,2000)认为这三个组成部分存在递进关系。准确地说,一种特定类型的本体论假设会产生相应的认识论假设,而认识论假设会指导持有这种观点的研究者采取相应的方法策略,最后在一种方法论的指导下,设计出特定的数据采集工具(Hitchcock & Hughes,1995)。这也就是说,每一范式均会构建特定的、系统性的社会现实研究范式。一些学者(Guba & Lincoln,1994；Bryman,2006；Scotland,2012)总结了在教育研究中广泛使用的四种主要范式:实证主义/后实证主义、建构主义/解释主义、转换范式/批判范式、混合方法范式/实用主义范式。

3.1.2　实证主义/后实证主义

作为一种研究范式,实证主义(或称定量范式)通常被认为是科学地、定量地研究社会现象的一种研究范式(Cohen et al.，2000；Alenezi，2013)。它假定可以"用与调查自然世界相同的方式"来考察社会现实(Mertens，2005,8)。本范式的本体论假设指明,现实始终存在,不论研究是否可以发现它(Pring，2000)。就认识论假设而言,实证主义主张研究人员不与研究对象进行互动,而是在直接观察研究对象后得出绝对客观的知识。而且不可分辨的实体物质不能被认为是科学知识的证明(Lincoln & Guba，2000；Mertens，2005；Scotland，2012)。为此,实证主义者主张定量研究不应掺杂研究人员自己的价值观。简而言之,实证主义科学是"不掺杂价值观"的(Robson，2011:21)。

　　数名学者认为在社会科学领域使用实证范式会产生问题,因为该领域主要的研究对象是人类的行为和看法(Proctor & Capaldi，2008；Cohen et al.，2000)。Cohen 等(2000)指出,人类社会会出现非常难以辨别的现象,与自然科学的经验规律形成鲜明对比,因此,在调查人类的一些无形的态度与看法时,使用标准实证研究方法是不现实的。因此后实证主义应运而生。根据后实证主义支持者主张的本体论假设(例如 Phillips & Burbules，2000),所谓的"现实"受限于研究人员自身已有的知识、信仰和观点,因此我们要接受社会科学研究得出的数据在某种程度上是不完整的或是容易出错的。根据后实证主义的观点,社会学研究的过程是为各种社会现象找到当前最恰当的解释,如果后来的研究者找到更多与之相反的确凿证据,那么这些解释可以被质疑,甚至被抛弃(Mertens，2005)。这一论断以一种更微妙的方式描述了社会科学研究中定量范式的特征。后实证主义范式的认识论假设为,虽然客观是研究者要达到的最终目标,但一个研究的调查是如何进行的,关注的事实是什么,以及数据的解释方式,等等,都广泛受到研究者和当前社会政治团体所持价值观的影响(Cohen et al.，2000)。这也意味着定量研究无法完全"不掺杂价值观"。由于本研究调查的是教师在课堂中产生的主观情绪体验,所以本研究的设计也将采用后实证主义的观点。

　　实证主义方法论主张的是通过对有规律的事物进行实证研究,来发现事物存在的一般因果规律(Creswell，2002)。为了达到这一目的,实证检验,包括真实实验和相关性测试等方法,通常被用来发现、预测和概括现象产生的原因(Scotland，2012)。但是数名社会科学研究人员(例如 Campbell & Stanley，1966；Creswell，2002；Mertens，2005)认为在社会研究中,不适合直接使用自然科学的研究方法,因为,在研究人类社会行为时,不可能控制所有来自参与者背景的干扰变量(Mertens，2005)。因此,按照后实证主义的本体论和认识论假设,后实证主义者们创造出准实验研究方法,以让自然科学研究方法更适用于社会科学研究。本范式主导定量研究方法,在这种方法中经常被用到的研究工具是封闭式问卷调研、标准测试和固定结构的观察量表(Cohen et al.,2000;Haq,2014;Pring,2000)。使用这些工具收集到的数据主要是定量数据。

定量研究方法拥有数种优势。首先,定量研究使用演绎研究方法测试假说或者已有理论。其次,因为定量研究的结果是数值,所以这些结果相对而言不掺杂太多研究人员的主观观点。因此,使用本方法能相对减少研究者的主观偏见对研究可靠性的影响。再次,当研究的群体较大时,定量研究非常有助于概括数据结果,并找出其中的共性,使研究成果适用于更大的范围。最后,通过使用各种计算机或网络软件,定量研究法收集数据相对较快,分析数据的时间也较少。定量研究方法的这种特点提高了研究的效率(Johnson & Onwuegbuzie,2004)。

定量研究也存在一些明显的缺陷,使得其在某些研究环境下显得不够完善。准确地说,虽然通过定量研究方法收集的数据是较客观的,但此方法并不能直接揭示出是什么导致了这个结果,也显示不出参与者与研究之间的互动关系。此外,定量研究主要关注假设和理论的检验,因此容易忽视能够产生新理论或新假说的现象(Johnson & Onwuegbuzie,2004)。因此,为克服定量研究的缺点,一些学者认为在研究社会现象时应考虑使用定性研究方法。

3.1.3 建构主义/解释主义

Denzin 和 Lincoln(2011)指出建构主义范式(也被称为定性或解释范式)是从自然主义和解释角度研究世界的。根据解释主义的本体论假设,社会现实或者社会事件(例如情境行为)的建构方式是人的交往行为,并且如果人们不能理解社会现实或者社会事件,则该现实或事件便对其没有意义。也就是说,由于不同的人对现实有不同的解释,一个事件内存在着多种现实,建构主义者否认客观现实的存在(Mertens,2005)。

建构主义认识论认为知识是通过人的意识和将要认识的对象之间的互动产生的(Mertens,2005;Scotland,2012)。建构主义认识论强调的是人类在创造知识时的主观性,它假设在人类用意识构建世界之前,世界没有意义(Crotty,1998)。解释主义认为人们创造性地主动参加社会交往活动,即每个人都根据自己对世界的解释采取独特的行动,才使得社会事件有意义。此外,Cohen 等(2000)指出,当个人认为情境是真实的,并且据此对情境做出反应时,此事件对个人而言才是真实的。从这一角度出发,研究者必须重视定性研

究所发现的现实,因为这种现实是主观的、多层次的。因此,研究人员在使用
定性研究方法时,更需要全面了解这种方法的优缺点。

建构主义的方法论旨在从个人角度研究世界。它声称,虽然实证主义研
究可以揭示社会环境中的客观现象,但是有些问题需要通过调查人类对情境
的理解来求得答案,例如这些现象是如何形成的,为什么这些现象在这种背景
下对人们产生意义。因此,定性研究对社会科学(例如社会心理学和教育学)
领域的研究至关重要(Cohen et al.,2000)。

Johnson 和 Onwuegbuzie(2004)提出了定性研究法的几种优越性。首先,
定性研究法在理解复杂的社会现象方面拥有优势,它可以帮助研究人员理解
参与者在情境中的个人体验,并发掘出一种现象产生的原因和方式。其次,因
为人的行为受到其所处环境的巨大影响,所以通过研究人们对其行为的理解,
可以发现导致这种行为或现象的环境因素。最后,定性方法可用来生成新的
理论,因为它以归纳法研究社会现象,在总结出现象的多种解释后可找出其中
普遍规律,以建立理论。

不过若研究人员想获得更有效、更可靠的研究数据,他们也应知晓定性研
究方法的缺点。首先,准确地说,因为特定样本的调查结果较为主观,所以样
本量小的定性研究产生的结论的普适性可能较弱。其次,因为研究人员按其
理解解释定性数据,所以研究结果可能会掺杂研究人员的偏见。最后,因为在
定性研究中,数据通常是一个一个地从参与者那里收集的,并且数据的分析与整
理可能都需要研究者人工完成,所以定性研究耗费的时间可能要比定量研究长。

3.1.4 转换范式/批判范式

当人们意识到主流的研究范式主要由白人、身体强壮的男性研究人员提
出时,转换范式(又称批判范式或者女权主义范式)便应运而生(Mertens,
2005)。过去主流的社会学研究常常忽视少数群体或边缘化社会群体
(Crotty,1998;Mertens,2005),主流研究人员的性别和种族可能会造成先前
的社会研究所定义的客观性有失偏颇(Gilligan,1982)。因此,为反映出社会
现实的多样性,女权主义者创造出第三种范式,以让社会听到少数群体研究人
员的声音(Mertens,2005)。这种范式会评判掌握权力的团体提出的现实,并
且尝试让人们批判性地考量这些团体的社会地位(Freire,1970)。

本范式的本体论角度与建构主义类似,认可社会研究存在多种现实
(Mertens,2005)。除此之外,本范式还强调社会、性别、文化、政治和道德价
值观对现实的影响(Guba & Lincoln,1994)。换言之,当前的现实根植于历

史现实主义（Scotland，2012）。因为现实会受到参与者历史背景的影响，所以当研究人员研究社会现象时，他们应批判性地调查当前现实中什么是真实的（Mertens，2005）。

批判性认识论与主观主义并存，认为知识不可能脱离认识者。潜在认识者的社会权力会影响和决定批判性认识论（Cohen et al.，2000）。Crotty（1998）认为，世界已有意义，并且出生在这个社会中的人受到已有知识的影响。因此，Siegel（2006）提出研究兴趣可以从研究者的种族、文化和性别中去发掘，并且研究人员和研究参与者可以进行互动。

本范式的方法论旨在揭示不公正现象，质疑传统的社会地位，并对无权力者赋予权力（Crotty，1998），寻求改变现有的不平等状态（Freire，1970）。因此，使用本范式的研究人员通常对边缘化的研究对象已有先入为主的看法。而且，Mertens（2005）指出，本框架使用的研究方法是多元化的。若经验主义者借用本框架研究世界，他们倾向于使用定量研究方法，并且其目的与后实证主义者一样，即避免种族主义、文化成见和性别歧视对研究造成的偏见（Harding，1992）。若其他社会研究人员有意发现少数群体的"不同声音"（Mertens，2005：26），他们会使用建构主义方式研究现实。访谈、观察和开放式问卷调查等均可用于形成定性数据。

虽然转换/批判范式擅长发现被忽视的现实，但是它也存在一些缺点。首先，本框架的核心目的是改变社会，但人们并非都乐意看到当前的社会惯例发生改变（Giroux，2012）。因此，研究人员可能得不到他们打算进行研究的社区的支持（Guba & Lincoln，1994）。其次，因为使用此范式的另一目的是让人们听到少数或边缘化群体的声音，所以调查人员可能会向这些群体过度宣扬参加研究的好处，这样会使样本的收集带有偏见（Scotland，2012）。因为为了取得好处，参与者可能会努力取悦调查人员，做出调查人员想要的反应。最后，使用本范式的调查人员可能会刻板地招募参与者，而忽略参与者对自己在这一现象中的身份的认知（Scotland，2012）。

3.1.5　混合方法范式/实用主义范式

混合方法范式也被称为实用主义范式、多策略研究或多方法研究，其形成背景是实用主义的哲学框架（Bryman，2006；Tashakkori & Teddlie，2003）。实用主义主张世界不是二元的。研究人员不管使用什么认识论、本体论视角或研究方法（例如观察、实验、体验），只要能帮助人们更好地理解所研究的世界，那就都是有效的方法（Johnson & Onwuegbuzie，2004）。实用主义者支持的观点是研究方法以价值为导向,使用的方法应能发现可证实研究价值的实际结果。

根据此观点,混合方法范式即结合定量和定性方法,以满足多个研究目的的研究方法(Creswell & Clark,2017)。Johnson 和 Onwuegbuzie(2004)指出文本和陈述内容等定性数据赋予定量数据以意义,而定量数据则可以客观地证实定性数据。因此,使用混合方法范式可帮助研究人员更深入更全面地了解一种现象,而使用单一研究方法可能无法达到这一效果。因此,混合研究法得出的结论相对更可靠、更具普适性。此外,研究在使用混合方法后不仅可测试假说或理论,也可以形成有理有据的理论。混合方法的这些优势都有助于设计本研究。

虽然混合研究法能抵消定量和定性方法的缺点,但是这种混合研究法仍存在一些缺点。首先,单个研究人员难以在一次研究中运用过于复杂的混合方法。其次,使用定量和定性方法收集的数据可能较为复杂,且分析方法也存在冲突。再次,使用混合研究法可能较为耗时且昂贵(Johnson & Onwuegbuzie,2004)。因此,研究人员在设计混合研究法时,需要注意这些缺点,从而在最大程度上提高研究效率。

总而言之,正如 Cohen 等(2000)指出,每一研究范式在社会现实研究方面均存在优点和缺点。哪种研究框架是最好的框架取决于研究目的。本研究出于以下原因使用混合方法范式来探究现象。首先,就本体论和认识论立场而言,本研究使用的是转换(或批判)研究范式的本体论和认识论立场。因为本研究旨在发现少数教师群体(在英国大学工作的中国教师)的情绪体验并通过参与者自己解释、揭示社会现象的潜在发生原因。本研究所调查的情绪体验取决于教师的主观报告,因此,参与者的不同文化背景和道德观念塑造了现实。其次,本研究的研究兴趣直接来自同为少数群体的研究人员自身,因此,研究人员在设计本研究时对现实已经有了先入为主的看法。

为了更全面地揭示现象与其背后的原因,本研究将使用混合方法范式的方法论。具体原因如下:第一,本研究的最终目的是测试在不受到文化刻板印象的影响时,中国教师的情绪体验是否与英国教师不同,使用定量方法的原因是它非常有助于调查预先设定的假设,并在最大程度上避免研究人员的主观价值观导致的偏见。第二,研究亦旨在发掘影响教师情绪体验的具体因素,而定量方法不大适用于收集教师自己对其体验的解释,所以本研究又采用了定性研究法来探究造成现象的因素。本混合方法设计有助于有效地实现本次研究的目标。

3.2 混合数据收集方法回顾

如上文所述,本研究对社会现象采用的调查方法为混合研究法。根据 Creswell 等(2003)的观点,混合研究法在设计时有四个标准。混合研究法的类型主要由定量研究方法和定性研究方法的操作顺序、定量研究方法和定性研究方法的优先级、定量研究方法和定性研究结果相结合的时间节点,及其理论基础这四个标准决定(Creswell et al.,2003)。在本节中,笔者将回顾六类混合数据收集方法的设计,为本次研究提供方法论背景。这六类方法包括:解释性顺序设计、探索性顺序设计、顺序变化设计、并行三角设计、并行嵌套设计,以及并行变化设计。

3.2.1 解释性顺序设计

解释性顺序设计的第一步是进行定量数据的收集和分析,然后是进行定性数据的收集,定性数据用以解释定量研究发现的结果(Ivankova et al.,2006)。通常,定量数据在该设计中占主导地位,一般研究人员会在研究的讨论阶段对两种类型的数据进行整合。正如 Creswell 等(2003)所述,采用该类型混合方法做研究设计时可以用也可以不用现有理论做支撑,它的具体设计主要取决于研究人员的研究目的。

解释性顺序设计适用于验证假设和解释意外的研究结果(Ivankova et al.,2006)。另外,由于此类型混合方法的实施过程清晰明了,所以研究人员在此设计框架下报告数据时也相对比较轻松。但是,该设计的一个重大缺点是耗时,因为这两种研究方法区分明确,只有在定量研究部分完全结束之后才能开始定性研究的过程。另一缺点是,若研究人员给定性和定量研究分配同样的优先级,则该设计会给研究人员带来巨大的工作量。

3.2.2 探索性顺序设计

探索性顺序设计和上述设计类似。在该混合方法框架中,两种类型的数据也存在一个特定的生成顺序,但顺序为先定性、后定量(Cameron,2009)。在此框架中,定性研究具有优先性,定量和定性研究结果会在讨论阶段整合(Creswell et al.,2003)。但此类框架往往不需要有理论观点支撑,因为使用它常常是为了生成新理论。

这种设计的主要目的是探究社会现象,以归纳的形式研究和总结出社会现实。它有助于发现理论或从研究样本中识别出新的元素,并将定性结果推广到更多的人类群体中去(Cameron,2009)。该类方法还可适用于研究人员创建或测试新仪器(Creswell et al.,2003)。但是,此类方法框架仍有诸多弊端,如实施过程时间长。研究人员也可能会发现由于定性结果的普适性不强,定量研究阶段实施起来很有难度。

3.2.3 顺序变化设计

顺序变化设计框架中也存在两个有序的阶段性研究。但是,和上述两个框架不同的是,定量和定性研究的顺序是不固定的。数据收集的优先级可只分配给两者之一,也可以在两者中平均分配(Creswell et al.,2003)。从不同阶段收集的数据将在解释阶段被整合。该类型是受混合方法范式理论驱动的,强调了研究中理论观点指导性的重要性。

该框架的研究目的是协助研究人员将理论观点有效地应用到现象研究中。通过使用顺序变化设计方法,研究人员可以以更灵活的方式理解来自不同群体的人的行为(Terrell,2012)。此设计也具有前述两个顺序设计的优点与缺点。

3.2.4 并行三角设计

此类型混合方法设计的目的是使用两种方法(即定量方法和定性方法)同时回答同一个研究问题(Greene & Caracelli,1997)。定量与定性研究可以被并行运用来收集数据。理想的情况是将优先级平均分配给这两种不同的研究方法。数据将在解释阶段被整合。该设计可受或者不受理论基础的驱动(Creswell et al.,2003)。

根据 Creswell 等(2003)的观点,这一框架为大多数研究人员所熟知,因为它可以在相对较短的时间内生成大量的且经过充分验证的数据。但是,此框架的几项缺点也需要解决。首先,因为其需要精密的研究和分析技能来同时整理和对比两种研究数据,因此对新手研究人员来说难度较高。其次,当不同类型数据结果出现分歧并且找不到好的解决方法时,研究人员很容易陷入困扰(Creswell et al.,2003)。

3.2.5 并行嵌套设计

并行嵌套设计和并行三角设计类似,研究目的是同时产生定量和定性数据。但是,在此类框架下,优先级只会分配给其中一种类型的研究方法,而另一种类型将嵌套在此设计中,以便从一个全新维度回答研究问题,或从一个截然不同的层面探索额外信息(Tashakkori & Teddlie,1998)。定量和定性数据的整合将在研究进行的阶段发生。不论有无理论指导,此框架均可适用。

该框架具有并行三角设计的优点,如省时,因为不同类型的数据可在一个数据收集阶段汇总。另外,它还能为研究人员提供审视数据的不同角度。例如,在分析定性数据时也可用量化的指标来描述参与者,这样研究者对结果的解读将会是多元化的(Creswell et al.,2003;Morse,1991)。这种设计与并行三角设计不足之处在于:每种研究方法都可能发现不同的证据,那么这就需要研究人员具备出色的在不同数据类型间转换分析的能力(Creswell et al.,2003)。

3.2.6 并行变化设计

最后一种混合方法设计说明了特定并行混合方法设计可由研究人员的理论观点驱动(Terrell,2012)。为了实现不同的研究目的,并行变化设计可因研究人员所采用的理论模型的改变而改变,该类设计也因此包含了前两种并行设计的特征。优先性可以分配给定量研究或定性研究之一或两者平均分配皆可。通常,通过不同方法收集的数据将在分析阶段整合,但该时间节点也可因研究人员的研究目的而改变(Creswell et al.,2003)。另外,该设计还包含了其他两种并行混合方法框架的优缺点,但是对于采用变形研究设计的研究人员来说更有利(Creswell et al.,2003)。

综上所述,由于目前研究目的是测试一项拟定假设并尝试为其提供合理的解释,笔者会先运用定量研究来检验假设,之后再进行定性研究,以发掘现象产生的原因,这两个过程是有先后且优先级不同的。因此,本研究采取的是混合方法范式下的解释性顺序设计来研究社会现象的。

3.2.7 数据的具体收集方法综述

这一节将回顾收集数据所涉及的具体方法,并特别探讨适合本研究的方法。

根据 Robson(2011)的观点,社会调研是一种广泛使用的"非实验固定研究设计"(242),通常采用描述性方法研究个人、社会群体以及社区。通过描述、对比以及分析,社会调研旨在描绘一个具有这些研究实体的社会现象或者事件。研究的复杂程度会根据调查目的而改变。具体而言,一项研究可以是简单化的设计，以描述某些现存的情况；也可以是多层次的研究，以测试社会事件之间的关系(Cohen et al., 2000)。

社会调研具有诸多特点。首先，由于研究参与者面对的是同样的问题，那么社会调研可用于获取标准化的数据。其次，因为社会调研可检测变量间的相关性，显示该相关性的特征，所以社会调研适用于形成描述性、解释性甚至说明性信息。再次，研究包含了多种收集数据的方法，如排序、多选题、开放问题等。最后，研究可以获取数字化数据，便于后续进行统计研究。

根据 Blair 等(2013)的观点，研究过程中通常会用到四种收集数据的途径，分别是邮递问卷、网络研究、当面采访和电话访谈。与邮递问卷和电话访谈相比，网络研究和电话访谈在收集数据方面具有优势。这些优势使得这两种方法在目前研究中被广泛采用。首先，网络研究形式多样，不仅可采用文档，而且可以采用图片、音频以及视频等。这一优点对本研究的设计非常重要，因为本研究就是采取视频片段为情境来调查教师的情绪体验的。其次，网络研究和电话访谈的成本较低，这是因为避免了旅行、纸张、打印和邮费等费用。最后，由于不用把时间浪费在旅行上，这两种方法可以提高研究速度。

为了说明本研究的设计，应该提到采用调研这个数据收集手段的优势。第一，由于一项研究通常会招募大量的参与者，那么大量数据则代表着广泛的参与者，这也意味着研究结果具有更高的归纳性。第二，一项社会调研能够一次性获取大量数据，因此使用调研进行研究的时间和成本更低(Cohen et al., 2000)。第三，自主管理的社会调研(例如邮递和线上研究)可使研究过程更加高效，这是因为这种方法可以在短时间内接触到数量庞大的参与者。第四，访谈调查可以确保参与者的参与度，进而提高回应率(Robson, 2011)。

虽然社会调研具有一定优势，但这种数据收集方法的一些普遍缺点需要引起注意。比如，社会调研的数据依赖于参与者的回应，而这种回应极容易受到参与者个人特征(例如其信仰、回忆和经历等)的影响。此外，参与者可能会根据社会期望来回应调查，这意味着他们更倾向于展现易被社会接受的一面。综上，社会调研本身存在的劣势也可能使此次研究结果造成偏差。

3.3 本研究设计策略

如前所述，每种研究方法都有其特点和在实践应用中的研究目的，也就是说单独一种研究方法不能综合且全面地收集研究数据。因此，定量与定性研究相结合就显得尤为妥当。根据以上观点,为确保研究结果的合理性和可靠性,本研究采用了多种研究方法。

目前的研究旨在通过三个阶段的研究解释目标研究问题。第一阶段是网络问卷调研,采用行为场景为问卷工具,来精确测量教师的瞬时情绪反应。在第二阶段,笔者将通过日记追踪调查检验教师情绪体验的趋势。第三阶段,笔者将采用半结构式访谈,以探寻影响教师情绪波动的特定因素。

尽管目前研究被分为三个阶段,但这三个阶段是具有内在相通性的。第一阶段利用短视频调查教师暂时的情绪体验,在该研究中,两国教师被要求观看相同的学生课堂行为的短视频。使用视频作为环境诱因,比起使用文字描述的场景或受试者自身回忆的场景,能对受试者产生更加清晰明确的刺激,能排除更多的干扰变量,也使得他们的情绪反应的差别会更显著、更具有意义。

虽然心情和情绪间的差异并不清晰(Ekman, 1994),但 Beedie 等(2005)提出了两者间的主要差异在于起因和持续方面。心情不会有一种明确的起因,而且它持续的时间较长,是一种背景感受,而情绪可以被视为基于一个特定情况的瞬时反应(Beedie et al. , 2005)。因此,在第一阶段测量的教师瞬时情绪可能被其当天的背景心情所影响(Russel, 2003)。因此,为保证检测到的教师的情绪体验更可靠,教师的情绪趋势也需要被检测,这就是在第二阶段采用以 5 个工作日为一周期的日记追踪研究来测量教师情绪体验的原因。如果在此阶段发现的情绪趋势是较为稳定的,则研究结果可以提供更加令人信服的数据。

另外,虽然目前研究假设是基于情绪评价理论的,但前两个阶段没有直接检验各组教师如何做出评价。因此,第三阶段需要采用访谈研究来收集影响教师评价学生行为的具体因素。在此阶段收集的质性数据有助于解释中英教师之间的差异性和相似性,为解读跨文化环境中教师情绪体验提供了综合性观点。

总的来说,第一阶段的研究用来回答主要研究问题。第二阶段通过展示教师的情感体验倾向,以验证第一阶段取得的情绪体验的可靠性。第三阶段的数据用来回答为什么教师的情感体验会有不同或相似之处,以及他们的情感产生过程中会涉及哪些因素。

3.4　预实验

首先,笔者将实施预实验,以打磨、测评研究工具。为了和主研究的三阶段一致,预实验也将设置三个阶段,每个阶段旨在检验相应研究工具的有效性。

3.4.1　第一阶段

预实验的第一阶段有以下几个目的。第一,试图初步回答"当中英教师面对相同学生行为时,会产生情绪差异吗？若有,差异如何体现"。第二,检测研究网站的可用性。第三,根据参与者的反馈,评估问卷的有效性,以显示其测量教师情绪反应的精确性。

参与者

为了节约时间和成本,在预实验中,笔者通过使用方便、简化的方法,在最近的距离范围内招募了参与者。因此,所有预实验的参与者都来自同一所英国大学。预实验共招募了 14 名教师,其中有 8 名(57.1%)中国教师(组别 1),6 名(42.9%)英国教师(组别 2),他们分别来自不同学科。

组别 1 中,教师年龄为 25—42 岁,平均值为 28.8 岁(标准差 $SD=5.55$),4 名(50.0%)女性,教龄平均值为 1.75 年($SD=1.17$),他们教学的班级规模平均值为 20.75 人($SD=13.79$)。此次预实验参与者的招募条件为,在英国有教学经验的中国教师或者英国当地教师。因此,组别 1 中的参与者均为在当地大学教学的中国博士研究生助教(Post-graduates Who Teach, PGWT)。

组别 2 中,参与者年龄范围为 23—50 岁,年龄平均值为 34.33 岁($SD=11.94$)。其中,女性参与者多于男性参与者,5 名(83.3%)为女性,1 名(16.7%)为男性,教龄平均值为 4.18 年($SD=2.56$)。教学班级规模相比组别 1 较小,其平均值为 17.17 人($SD=4.62$)。该组的参与者均为英国博士研究生助教。

过　程

首先,笔者将含有本次预实验的基本信息的邀请邮件发送给当地大学 PGWT 组织。有意愿参与此次研究的人员可以点击电子邮件中的链接,跳转到在线调查网站 Qualtrics.com。在打开网站之后,参与者会被要求阅读此研究的背景信息以及一份参与同意书。他们被告知,填写和完成此次在线问卷即默认他们同意参与此次研究。另外,在这封电子邮件中,他们被告知需在3周内至少登陆该网站一次,不然链接会过期。

该线上问卷由三个部分组成,预计需要10分钟完成。根据Qualtrics网站的记录显示,有22个人打开了问卷,但是只有14位完成了该问卷,另有1位完成问卷,但是数据丢失。因此,该研究的回复率为63.6%。

另外,由于这是预实验,参与者会被邀请对研究工具进行反馈。他们可以在完成问卷之后,通过回复原始电子邮件给研究人员提出建议或评论。另外,他们也可在问卷中填写研究工具的缺点,或者向研究人员建议纳入新的选项(例如他们感受到的但问卷中未写出的其他情绪)。研究人员基于本次预实验的结果对问卷做出修改,以确保在主研究中使用此问卷的有效性和可靠性。

测量工具

该在线问卷包括三个部分。第一部分使用8个问题来收集有关参与者的基本信息。第二部分根据Wheldall和Merrett(1988)最先提出并由Ding等(2008)改良的选项而设置,设置的选项用于标准化测量教师对于学生不当行为的看法。在Ding等(2008)的研究中,研究工具包含了17个学生不良行为的选项,用于检测对于参加该研究的教师来说最重要的学生不当行为有哪些。第三部分依据第二部分教师的反馈,选出了5种课堂上学生不良行为,并制作成视频片段作为情景,以评估教师对学生课堂行为的情感反应,这5种课堂上学生不良行为包括:

- 迟到;
- 玩手机;
- 用与课堂无关的问题打断教师;
- 互相开玩笑;
- 上课睡觉。

原始视频是从某视频网站上下载的,由研究人员分成了5个短视频片段。每个视频的长度为10—15秒。这些行为被选作视频情景,是因为预实验的参与者们觉得这些行为经常发生或很讨人厌。在每个视频之后,有一个5分的李克特量表(分值为从"1=非常低"到"5=非常高"),受访者根据自身的感受强度进行评分。该表改编自Pekrun等(2005)创建的情感成就问卷(Achievement Emotion Questionnaire,以下简称为AEQ)。最初,该表旨在评估大学生在学术环境中的情绪。后来,在Frenzel等(2007)的论文中,该调查表在中国文化背景下得到了验证。并且,先前的研究(例如Frenzel et al.,

2009a)也证明了该问卷在衡量教师情绪方面的有效性和可靠性。AEQ 中包含 8 种情绪(例如骄傲、幸福、愤怒和焦虑),但是由于在本次预实验的行为视频中显示的是课堂上的学生不当行为,所以极度积极的情绪(例如骄傲和幸福)被排除在该表之外。

分析方法

在进行分析时,笔者从数据集中删除了 8 位未完成问卷或已完成但丢失数据的受访者,并对剩余参与者的信息进行了编号和编码。在初步数据分析的过程中,为了使结果更清晰明了,并专注于主要研究问题,一些变量被组合为新变量。

笔者首先采用描述性统计(例如频率、百分比和集中趋势)来阐述教师的情绪体验。其次,笔者采用了推断统计来测量组别之间的差异和相关性。

笔者将出生国和性别作为自变量,对比教师对视频产生的感受,并使用单因素方差分析(One Way Analysis of Variance,One Way ANOVA)比较了每组的平均值。

数据结果:平均值差异

表 3.1 列出了每个视频诱发的教师负面情绪(包括愤怒、焦虑、无望、羞愧和悲伤)的平均值和标准偏差。两组间的方差分析表明,对于每种行为情景,中国教师和英国教师的消极情绪反应之间没有显著差异,而在积极情绪(放松)方面发现了显著差异(见表 3.2)。

表 3.1　每个视频诱发的负面情绪的平均值和标准差

视频情境	CT ($n=8$)		BT($n=6$)		η^2	p
	M	SD	M	SD		
视频 1	2.10	1.25	1.33	0.21	—	0.17
视频 2	2.08	0.98	2.10	0.30	—	0.95
视频 3	1.93	1.01	2.23	0.74	—	0.54
视频 4	2.48	1.13	2.43	0.57	—	0.94
视频 5	2.03	0.98	2.33	0.97	—	0.57

注:CT=中国教师,BT=英国教师;视频 1=迟到,视频 2=玩手机,视频 3=用与课堂无关的问题打断教师,视频 4=互相开玩笑,视频 5=上课睡觉。

根据表 3.2,中国教师($M=2.00$,$SD=0.93$)在看到学生玩手机时表现出的放松程度明显高于英国教师($M=1.00$,$SD=0.00$),$F(1,12)=6.86$,$p=$

$0.02, \eta^2 = 0.36$。

表 3.2　每个视频诱发的正向情绪(放松)的平均值和标准偏差

视频情境	CT($n=8$)		BT($n=6$)		η^2	p
	M	SD	M	SD		
视频 1	1.63	0.92	2.00	0.21	—	0.58
视频 2*	2.00	0.93	1.00	0.00	0.36	0.02
视频 3	1.75	0.87	1.00	0.00	—	0.06
视频 4	1.75	0.87	1.00	0.00	—	0.06
视频 5	1.63	0.92	1.00	0.00		0.12

注：* $p < 0.05$。

表 3.3 列出了视频诱发的每种情感的总的平均值和标准差。单因素方差分析发现了这两组参与者在情感上的差异,英国教师($M=3.63, SD=0.34$)表现出比中国教师($M=2.43, SD=1.08$)更强烈的愤怒感,并且愤怒值很高,$F(1, 12)=6.90, p=0.02, \eta^2=0.37$。

表 3.3　五个视频诱发的每种情感的总的平均值和标准差

情感	CT($n=8$)		BT($n=6$)		η^2	p
	M	SD	M	SD		
愤怒*	2.43	1.08	3.63	0.34	0.37	0.02
焦虑	2.33	1.03	1.70	0.67	—	0.22
无望	2.13	1.06	1.63	0.79	—	0.36
放松	1.75	0.82	1.20	0.31	—	0.15
羞愧	1.73	0.84	1.13	0.21	—	0.12
悲伤	2.00	1.01	2.33	0.94	—	0.54

注：* $p < 0.05$。

综上,在本次预实验中,中英教师的情绪体验之间存在较显著差异。在所有情况下,英国教师的愤怒情绪都较高,而中国教师看到学生玩手机时则表现出相对更强的积极情绪。

相关性

皮尔逊相关系数被用于评估教师的出生国家与他们看完视频之后的情绪体验之间的关系。表 3.4 显示教师的文化背景和他们的愤怒情绪之间存在显著正相关关系,$r=0.60$,$n=14$,$p<0.05$。

表 3.4　教师的出生国家与每种情绪反应的相关性

	1 出生国	2 愤怒	3 焦虑	4 无望	5 放松	6 羞愧	7 悲伤
1 出生国	—	0.60*	−0.35	−0.26	−0.41	−0.43	0.18
2 愤怒		—	0.40	0.31	0.21	0.23	0.58*
3 焦虑			—	0.79**	0.78**	0.80**	0.65*
4 无望				—	0.70**	0.74**	0.82**
5 放松					—	0.94**	0.53
6 羞愧						—	0.58*
7 悲伤							—

注:* $p<0.05$,** $p<0.01$。

　　在研究教师教龄和他们对学生行为的情感反应的相关性方面,笔者发现中国教师组的教龄和他们对学生行为的情感反应有着显著的负相关关系($r=-0.73$,$n=8$,$p<0.05$)(参见表 3.5)。具有较丰富教学经验的中国教师对视频 2(玩手机)的负面情绪反应的强度较低。但是,在英国教师组中,没有发现教师的教学经验与教师对学生行为的负面情绪反应的强度之间有显著关系。

表 3.5　教龄与每个视频诱发的负面情绪的相关性

	1 教龄	2 视频 1	3 视频 2	4 视频 3	5 视频 4	6 视频 5
1 教龄		−0.27	−0.73*	−0.43	−0.57	−0.52
2 视频 1	−0.58		0.28	0.87**	0.70	0.86**
3 视频 2	−0.28	0.26		0.59	0.78*	0.68
4 视频 3	−0.02	0.23	0.66		0.81*	0.96**
5 视频 4	0.51	−0.93**	0.07	0.13		0.92**
6 视频 5	−0.25	−0.07	0.76	0.78	0.42	

注:* $p<0.05$,** $p<0.01$。中国教师的相关性见对角线上方,英国教师的相关性见对角线下方。

　　表 3.6 描述了教师教龄与教师情绪体验之间的关系。在英国组中,教师的愤怒情绪与他们的教学经验密切相关,$r=0.85$,$n=6$,$p<0.05$。这意味着随着教学时间的增加,英国教师的愤怒也加剧了。

表 3.6　教龄与单个情绪的相关性

	1 教龄	2 愤怒	3 焦虑	4 无望	5 放松	6 羞愧	7 悲伤
1 教龄		−0.43	−0.61	−0.55	−0.61	−0.55	−0.51
2 愤怒	0.85*		0.93**	0.81*	0.68	0.73*	0.88**
3 焦虑	0.06	0.23		0.91**	0.79*	0.83*	0.95**
4 无望	−0.26	−0.36	0.37		0.83*	0.86**	0.96**
5 放松	−0.35	0.15	0.58	0.07		0.97**	0.86**
6 羞愧	−0.05	−0.07	0.58	0.07	0.25		0.87**
7 悲伤	−0.31	−0.41	0.40	0.83*	0.14	0.55	

注：* $p < 0.05$，** $p < 0.01$。中国教师的相关性见对角线上方，英国教师的相关性见对角线下方。

3.4.2　第二阶段

日记表格由上述参与者中的 6 名在 2 周内完成。参与者被要求给 6 个选项打分，其中 3 个用于检验他们在自己的课堂中对学生行为的看法，另外 3 个用于测试他们的情绪感受。他们在 5 个工作日中的课后完成填写。在预实验阶段，回复情况反映了使用日记表格收数据的效率；参与者的回复率说明了在历时研究中研究人员应该跟踪提醒参与者，以防其忘记填写日记表或回复不及时。

3.4.3　第三阶段

此阶段发生在完成日记表格初步研究之后，在此阶段，笔者邀请同样的参与者参加了一个短暂的访谈，以检验半结构式的访谈程序。访谈将持续 10—15 分钟，访谈目的之一是为问卷调研的数据和日记追踪研究的数据找出合理解释，之二是测评访谈程序的设计是否合理。

在第三阶段，笔者采用电话访谈作为数据收集工具。为了保持研究的连贯性，笔者采用英文作为访谈语言，但是当中国教师用英语表达其情绪体验有困难时，可以选择用母语表述。访谈结束时，参与者被要求提出他们注意到的问题，或者提出对访谈程序和访谈策略的建议。此次研究中出现的问题是，英语为非母语者在访谈中表达的英文句子意思不清晰，而且参与者会忘记问卷中的选项。

3.4.4 讨 论

通过此次预实验,研究人员对目标研究人群有了初步了解。此外,笔者还根据参与者的回复以及他们对数据收集手段的建设性意见,对研究工具进行了完善。例如,"厌烦"这个情绪并没有出现在原始的 AEQ 中,但笔者在预实验中发现,这种情绪在日常教学中出现得更为频繁。此外,选项"放松"被排除于研究一之外,因为教师提到面对学生的负面行为时,他们几乎不会有放松情绪。

此次预实验提供了有关目标样本的开放性视角,并在某种程度上可预示之后主研究的研究结果。因而,在后续研究工具的设计中,笔者借鉴了本报告中得出的结果。

3.5 伦理考量

3.5.1 道德问题

教师的情绪体验是一个非常敏感的话题,因此在预实验和主研究中,笔者会仔细考虑道德问题。在情感量表上进行评分时,教师的感受会面临被泄露的风险。因此,笔者在进行所有研究之前,先认真地填写了一份道德问题审核表,然后发送给了约克大学教育学院道德审查委员会。在通过了第一次和第二次审核后,笔者收到了道德审查委员会发出的一封批准研究进行的电子邮件。在获得批准后,笔者向样本所在人群发出邀请。人们通过回复电子邮件邀请函参与此次调查研究。在此电子邀请函中,除了调查链接之外,还附有本次研究的相关信息和参与同意书。参与者在问卷的最后会被邀请参加后续的日记追踪研究和访谈研究,有意向者可在问卷末尾留下其联系方式。此外,笔者除了单独与教师联系外,还向各孔子学院负责人发送了一封通知信,以告知他们笔者正在进行的教师研究。

3.5.2 同意书、保密性与隐私性

问卷调查:在线问卷的首页有一份知情同意书(请参阅附录 A),说明了本次研究的目的和研究程序的细节。参与者会通过此邮件了解如何加入研究以及研究人员为保护他们的隐私所做的努力。例如,他们的回复只会以汇总的

形式匿名出现在报告中。此外,笔者还告知他们参加研究是自愿的,他们享有在任何阶段退出本研究的权利,并有权在数据收集之日起的10天之内撤回他们的回复,并且研究人员保证在任何会议演讲和出版物中都确保他们参与的隐私性。在回答问题之前,线上问卷的卷首会再次提醒参与者,完成此在线问卷的填写即表示他们同意参与此研究。

日记追踪研究:笔者将类似于问卷调查中使用的知情同意书附在日记追踪研究的邀请函中,以说明本次研究目的和对参与者信息的保护。接下来,参与者会被告知,填写日记追踪研究表则表示同意参与此次研究。此外,为了让参与者在接下来5周的日记追踪研究中保持匿名,每个参与者会对应一个由他们自己设立的唯一的代码。

访谈研究:在访谈研究部分,笔者向自愿参加研究的参与者发送了知情同意书。与前两项研究中类似,本知情同意书阐述了此次访谈研究的目的,并阐明了他们加入研究时保有的权利。而且笔者会告知参与者如何收集数据,并采取哪些措施以最大限度地减少访谈中可能出现的不适感。在访谈中,研究人员严格遵循访谈协议,并在每次访谈开始时都收集了参与者的口头同意。正如 Holliday(2007)所述,由于在访谈研究中需要研究人员出现,或者需要研究人员与参与者进行互动,因此笔者应了解自身对参与者的影响,并对收集数据的方式保持敏感。笔者认真地听取了这个建议,并对参与者保持敏感。例如,在采访 Frank 时,笔者鼓励他对英国教师为什么会压抑自己的情绪进行更深入的思考。但是,随着对话的进行,他说他对自己所说的话感到不舒服,因为他认为这些话可能属于文化刻板印象。那时笔者便意识到这些问题可能给他带来了不必要的压力。因此,笔者立即停止了这个问题,并在采访中告诉他答案没有对与错之分,因为笔者只是尽力调研研究中出现的现象而已。

3.5.3 数据的存储和保护

问卷研究和日记追踪研究的数据都存储在受密码保护的数据库和便携式计算机中。除主要研究人员外,其他人不能获得访问密码。在访谈数据的管理和存储方面,电子资料存储在受密码保护的计算机中,纸质材料存储在只有研究人员可以打开的柜子中。录音副本中出现的名字将被剪辑掉,原始录音会被销毁,并且笔者会使用假名用来保护参与者的隐私。研究结束后,所有可能识别个人身份的书面数据和电子数据均会被销毁。

第4章　子研究一:问卷研究

4.1　样　本

4.1.1　样本来源

本次研究目标的样本来源为在英国孔子学院和大学任教的中英两国教师。注意,在这里"教师"用作对所有级别老师的统称。根据经济合作与发展组织的一份报告(OECD, 2009),全球化带动了许多国际合作和跨文化交流项目进入高等教育领域,因此越来越多的国际教师涌入英国的大学。在这种趋势下,中国政府也在许多英国大学中设立了孔子学院(关于孔子学院的正式介绍,请参阅曼彻斯特总领事馆网站教育板块),旨在向英国学生教授中文并介绍中国文化。因此,有大量中国教师集中在英国大学中。另外,笔者作为本次研究的设计者和实施者,同样来自中国,并在这项研究进行期间在英国一所大学做博士研究生助教,所以笔者自己会直接遇到或观察到身边中国同事也面临着的由于课堂文化差异引起的情绪问题。这种个人经历增强了笔者选择高等教育机构作为研究背景的兴趣。

基于以上原因,本次研究邀请了25所孔子学院的教师参加。相应的,这些孔院所在的大学(包括伦敦政治经济学院、爱丁堡大学、南安普敦大学、阿尔斯特大学、卡迪夫大学、谢菲尔德大学、格拉斯哥大学、利物浦大学、诺丁汉大学、曼彻斯特伦敦南岸大学、伦敦大学金史密斯学院和伦敦大学亚非学院等)的教师也被邀请参加。此外,笔者还在开设了中文系的大学(例如牛津大学和利兹大学)里招募了受试者,但是,中国参与者并不局限于该系,其他任何专业里的中国教师都可被邀请参加此次问卷调查。

为了提高样本在研究人群中的代表性,笔者分别从英国的四个地区(英格兰、苏格兰、威尔士和北爱尔兰地区)中都至少选择了一所大学。此外,由于本次研究的重点为教师的情绪,因此,若仅包括某一类学科的教师,则结果可能不具有普适性。因此,笔者联系了多种学科(例如金融、历史、数学、音乐和教育)的教师。

4.1.2 招募标准

笔者根据以下条件招募参与者:

(1)目前在英国孔子学院或大学任教或拥有在这些地方教学的经历的教师。

(2)认为其文化传统为英国文化或中国文化,并且必须具有英国或中国国籍。

制定这些标准有两个原因。首先,为了扩大样本容量,本次研究的参与者既包括当前正在任教的教师,也包括目前不在教学岗位但有教学经验的教师。由于问卷调查的研究重点是研究教师的看法以及他们对视频场景的即时情绪反应,因此在研究阶段他们是否在从事教学工作不会影响研究结果。其次,为了清楚地定义样本,笔者制订了第二个标准,以指定参与研究的两个文化人群,并排除过于复杂的案例。例如,某些教师可能具有英国国籍,但他们并不认为自己具有英国文化背景,若将这些人包括在研究中,则造成对研究结果的争议。

4.1.3 招募方式

本研究的参与者是通过多种渠道被招募来的。首先,笔者在中国大使馆教育处的网站上找到了各孔子学院的联系方式,并向每个孔子学院的院长发送了电子邮件邀请,邮件中包含本次研究的简介以及一封笔者导师的推荐信。其次,笔者与各大学的院长或系主任联系,同样也给他们发送了类似的邀请电子邮件。再次,笔者利用社交媒体网站来吸引参与者,或在相关社交团体(例如 York Education PhDs)的网站上发布包含研究链接的广告。此外,"滚雪球"式的抽样法也被运用,笔者在邀请电子邮件中提出了一项建议,即建议受邀者将调查问卷分发给他们认识的人。在样本招募的最后阶段,笔者还在各大学网页上找到了一些教师的个人邮箱,并将电子邮件邀请函直接发送给他们,以此来吸引到足够的参与者进行这项研究。

4.1.4 样本的局限性

由于大多数孔子学院都是在英国排名靠前的大学中建立的[请参考《2016—2017 年泰晤士世界高等教育大学排名》(Times Higher Education, 2017)],所以样本的代表性受限于大学的选取。此外,并非笔者联系的所有机构或个人都做出了回复,因此,样本的代表性可能受限于参与者自身的偏好和其参与研究的便利程度。

4.1.5 参与者描述

这项研究的参与者是从英国 25 家孔子学院和 30 所大学招募来的 99 名教师(参见表 4.1)。受访者中有 47 位(47.47%)中国教师和 52 位(52.52%)英国教师,他们分别来自英国的 4 个地区。

表 4.1 样本的背景信息

背景信息	中国	英国	总计
人数/人	47	52	99
各性别人数/人	F=25,M=22	F=20,M=32	F=45,M=54
年龄(平均值)/岁	31.74	46.04	39.25
在英教龄(平均值)/年	4.30	14.88	9.85
当前所教授学生平均年龄(平均值)/岁	21.22	20.05	20.58
平均班级人数(平均值)/人	36.71	46.31	41.81

在中国教师组中,参与者的年龄在 24 至 63 岁之间,平均年龄为 31.74 岁($SD=8.46$),女性占比 53.19%,平均教龄为 4.30 年($SD=6.54$),其学生的平均年龄为 21.22 岁($SD=10.22$,最小值$=8$,最大值$=80$)。班级平均人数为 36.71 名($SD=47.61$)。

在英国组中,参与者的平均年龄为 46.04 岁($SD=13.95$),年龄范围为 22 岁至 71 岁,男性多于女性。从表 4.1 中可以看出,男性占比 61.54%,女性占比 38.46%。单因素方差分析($F(1,97)=37.02$,$p<0.0001$,$\eta^2=0.276$)表明,英国参与者平均教龄为 14.88 年($SD=12.71$),明显高于中国教师的平均教龄。其学生平均年龄为 20.05 岁($SD=2.67$),与中国组相比,平均年龄较小。该组的班级平均人数多于中国组,平均值为 46.31 名($SD=51.22$)。

显而易见,中英两国教师的平均年龄差距很大(相差 14.30 岁)。造成这种差距的一个原因是,孔子学院总部(汉办)的官方网站欢迎应届毕业生和研究生申请成为该机构的教师。网站还列出了一项招聘标准,即申请人的年龄应在 22—50 岁。这就导致在孔子学院工作的教师平均年龄偏低。中国教师和英国教师之间的平均在英教龄也出现了类似的差距(相差 10.58 年),这是因为孔子学院的教师多为年轻教师,此外,孔子学院通常会与候选人签订 1—2 年的合同,尽管他们可以续签短期合同,但孔子学院的招聘规定不允许教师长期担任这份工作。

4.2　测量工具

本次调查使用线上问卷形式(请参阅附录 B)来测量教师对学生行为及其情绪反应的看法。该研究包括三个部分,第一部分主要收集参与者的个人基本信息,如下:

性别

年龄

在英国的教学时长

目前所教学生的年龄

班级平均人数

出生国

民族/文化背景

这些选项旨在定义组别并收集参与者的特征,收集的数据还用于显示样本在人群中的代表性。这 8 个选项改编自 Klassen 等(2009)的一项研究,他们做的也是一项跨文化研究,主要对加拿大教师和新加坡教师的信仰和动机进行了探究,他们使用的研究工具对此次设计具有重大参考意义。第一部分中的所有选项集中统计了教师背景,选项 1—2 用于统计教师的个人信息,选项 3 统计教师的教学经验,选项 4—5 则收集有关教师教学环境的数据,最后两个选项用于识别教师所属的文化群体。

问卷的第二部分使用视频场景来评估教师对学生课堂行为的情绪反应。参与者被要求观看 5 个视频片段,这些视频片段显示了课堂中不同学生的不当行为。这 5 种情况包括:迟到、玩手机、用与课堂无关的问题打断教师、互相开玩笑、上课睡觉。这些行为选取自 Ding 等(2008)研究中使用的问卷。在

Ding 等(2008)的研究中,他们测评了 17 项令人讨厌的学生课堂行为,调研了244 名中国教师,并进行了两次调研,以完善最初由 Wheldall 和 Merrett(1988)创建的研究模型,使此问卷更适合中国文化背景。

这 5 个行为情景的选取也基于预实验的反馈,因为参与者报告了这些行为是最常见也最令人讨厌的行为。原始视频是从某视频网站上下载下来的,被研究人员剪辑成 5 个短视频片段,每个视频的长度为 10—15 秒。

在每个视频下方,参与者被要求对 6 种情绪(愤怒、焦虑、无望、羞愧、悲伤、厌烦)的感受程度进行评分,即请他们评估,假设这种行为在他们的课堂上发生,他们会产生何种情绪。为了使受访者准确评价自己的情绪感受强度,笔者提供了李克特量表(分值为从"1 = 没有感觉"到"5 = 感觉强烈"),该量表改编自 Pekrun 等(2005)创建的 AEQ,笔者又通过预实验对该量表进行了测试与完善,并增添了新选项。

4.3 过 程

质量数据的收集共历时 7 个月。在获得约克大学教育学院道德审查委员会的批准后,笔者通过 Qualtrics 在线调查链接发送了问卷。选择使用互联网管理此调研的原因如下:首先,正如 Gosling 等(2004)所建议的那样,互联网使研究者与参与者的联系变得非常方便,因此,这种调查方法提供了招募更多参与者的可能性。其次,Wright(2005)认为,若研究人员不出现在调查现场,可以减轻参与者的压力。这样,参与者可能会更有信心对一些敏感问题给出诚实的答案。

参与者通过点击 Qualtrics 调查网站的链接加入研究。打开网页后,受访者会被要求阅读信息页,其中包括该研究的研究背景和同意书。参与者会被告知,填写此在线问卷即被视为同意参与此次研究。参与者应在 10 分钟内完成调查问卷。在问卷调查的末尾,笔者设置了问题,询问参与者参加日记追踪研究和访谈研究的意愿,如果他们愿意参与,可以在问卷的末尾留下联系方式(例如电话号码)。

某年 10 月至次年 1 月

在数据收集过程的开始,笔者将包含研究简介和研究链接的电子邮件发送给每个学院的负责人,请他们邀请他们的老师参加本研究,笔者还用中文版电子邮件与每个孔子学院的负责人联系。然后,笔者在 2 个月后给他们发送了一封电子邮件提示此研究报名即将截止,并在截止日期的前一天发送了一封提醒邮件。这项研究的广告也发布在了微信等社交媒体上。截至次年1月底,有124人打开了链接,但是只有69人完成了研究。

次年3月至次年5月

在早期的数据收集过程结束后,由于样本不足以进行较好的统计分析,因此,次年3月,笔者开始了另一轮数据收集。笔者在每所大学的网站上搜索教师的联系方式,并逐一联系他们。这次笔者通过电子邮件联系了5000多名教师。在第一次联系后2到3周,即截止日期前5天,笔者又发送了一封后续电子邮件,并在截止日期前一天再次发送了一封提醒邮件。根据Qualtrics的记录,截至5月底,共有204人打开了调查链接,其中99位教师完成了问卷调查。

4.4 数据分析

笔者使用统计分析软件SPSS分析定量数据,因为它可以有效地进行各种描述性和推断性统计分析。数据分析阶段的工作主要涉及清理和整理数据集。首先,笔者删除了参与者未回答的单个问题和仅填写基本信息但未回答问卷其余部分的不完整问卷。其次,笔者剔除了缺失的数据,并通过检查单变量数据来识别极端离群值并将其剔除,原因是它们可能会干扰正常分析过程并误导结果。再次,因为从Qualtrics网站下载的原始数据是未经整理的,而且这些数据使用了系统中的默认代码命名,所以笔者在SPSS数据集中对所有变量都进行了重命名。最后,笔者对教师的几个特征进行了编码。具体而言,中国教师被编为"1",英国教师被编为"2";女教师被编为"0",男教师被编为"1",这种分类可方便之后在不同组之间进行比较。此外,那些在Qualtrics数据集中表示"没有感觉""有点感觉""感觉中等""感觉比较强烈""感觉强烈"的选项,在李克特5分量表上都被自动编码为1、2、3、4和5。进行初始数据整理的好处在于,它使数据分析过程更加轻松和清晰,并且为研究人员提供了参与者概况的描述,使研究者更加熟悉数据(Pallant,2013)。

为了最有效地阐述和呈现研究结果,笔者进行了描述性和推断性统计分析,即使用描述性统计数据来说明问卷中量化数据的频率、百分比和集中趋势。例如,计算出参与者人口数据的平均值和标准差。此外,笔者还制作了图表以显示频率和百分比,这些可视化的结果可以迅速吸引读者的注意力,并使读者更容易理解研究结果。最后，描述性统计数据还阐述了参与者的反应趋势，例如通过柱状图来展示教师的情绪体验，使两组之间的对比更加清晰。

笔者使用推论统计来衡量两组之间的差异和相关性。根据 D'Agostino 等（1990）的说法，在进行推断统计分析之前，需要检验数据是否呈正态分布，若数据呈正态分布，则应进行参数分析；否则，研究人员应使用非参数分析来检验数据。但是，正如 Ghasemi 和 Zahediasl（2012）所指出的，若单组样本量大于 30，则参数分析对于非正态分布的数据仍然适用。当前研究中每组的样本量均大于 40，所以本研究主要采用参数分析法来分析数据。不过非参数分析（曼-惠特尼 U 检验）依旧被用来对比教师的情绪反应，以检验本研究中参数分析的可靠性，通过这种方式来提高研究结果的可靠性。另外，尽管由于笔者对数据没有进行任何调整（例如 Bonferoni 校正）来纠正错误，这可能导致数据会遇到 I 型错误（Type I errors），但这更能让数据避免 II 型错误（Type II errors）。这样做是为了更有效地识别出研究结果的显著性差异。为了弥补数据分析的这一缺点，笔者阐述了每个方差分析结果的效应值（部分 eta 方）以及显著性 p 值（p）。

另外，笔者运用多元方差分析（MANOVA）来检验各种独立变量（例如性别和出生国家）对教师差异情绪（DV）的影响。随后，笔者进行了一系列单因素方差分析（ANOVA），以检测几组平均值的特定差异。例如，首先使用单因素方差分析比较两组教师的年龄，然后分析两国教师不同年龄组间的情绪体验是否有所不同。此外，为了检验参与者的特征与其看法和感受之间的关系，笔者采用了 Pearson 相关性检验。选择它的原因是，该研究中变量（例如年龄和情绪体验）之间的因果关系尚不清楚，而且并不能视某个变量为 X，并探究它在实验中对 Y 变量产生的作用。因此，如果研究人员只是对两个独立的变量进行测量，则 Pearson 相关性检验更适用，而不是使用线性回归来明确定义哪个变量是 X，并从中预测 Y 的走向（Field，2013）。

最后，在问卷调查结果中，还出现了一些来自开放式问题的质性回答。笔者已将其下载并导出到 Word 文档中，并使用了与分析访谈数据所使用的方法类似的质化分析方法（例如主题分析法）。但是，因为问卷时间的限制，开放式问题的答案通常很短，所以从这部分数据中，笔者只发现了一些小的类别而发现不了某个主题。

4.5 研究结果

研究结果旨在回答以下两个研究问题:

主问题:

中英两国教师在面对相同的学生课堂捣乱行为时是否会产生不同的情绪体验?

子问题 1:

若主问题的回答是"是",那么这两个教师群体的情绪体验存在何种差异?

4.5.1 教师情绪反应的相关发现

4.5.1.1 描述性分析:教师情绪的强度

表 4.2 给出了 5 段视频情境诱发出的 6 种情绪的整体平均值。可以看出,厌烦($M=3.12$)是参与调研的教师感受到的强度最高的情绪。其次是愤怒(愤怒和厌烦的本质区别见 2.2.3.2),整体平均值为 2.50。焦虑和无望分别以 1.88 和 1.84 的整体平均值居于中间位置。悲伤位于第五($M=1.73$),而羞愧以 1.62 的平均值位于第六位。

表 4.2 六种情绪的平均值和标准差

情绪	M	SD
厌烦	3.12	0.92
愤怒	2.50	0.98
焦虑	1.88	0.94
无望	1.84	0.95
悲伤	1.73	0.88
羞愧	1.62	0.90

此外,图 4.1 展示了中英两国教师情绪的平均值趋势。从中可以看出,中国教师和英国教师在情绪体验上有着类似的倾向,因两者有着类似的走向趋势。

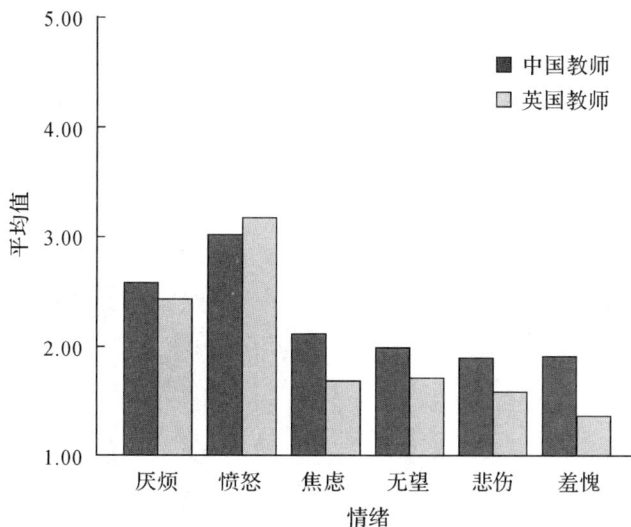

图 4.1 中英教师各个情绪体验的趋势

关于教师对 5 种行为情境的整体情绪反应,笔者将每一视频(行为情境)中的所有情绪平均值和标准偏差列在了表 4.3 中。教师反应强度最高的情绪对应的学生行为是"互相开玩笑($M=2.40$)",随后是"玩手机($M=2.29$)"。"上课睡觉"以平均值 2.05 居于中间位置。"用与课堂无关的问题打断教师"(以下图表中简化为"打断教师")被排在倒数第二位($M=1.92$)。最后,"迟到"($M=1.91$)为教师们反馈其对应情感反应强度最低的行为。

表 4.3 每个视频情境诱发的情绪的平均值和标准偏差的总和

行为情景	M	SD
迟到	1.91	0.79
玩手机	2.29	0.85
打断教师	1.92	0.75
互相开玩笑	2.40	1.02
上课睡觉	2.05	1.01

此外,如图 4.2 所示,中国教师和英国教师对每一情境的情绪体验趋势类似,但在对每一行为的整体情绪强度平均值上,可以明显看到中国教师感受到的情绪强度高于英国教师。

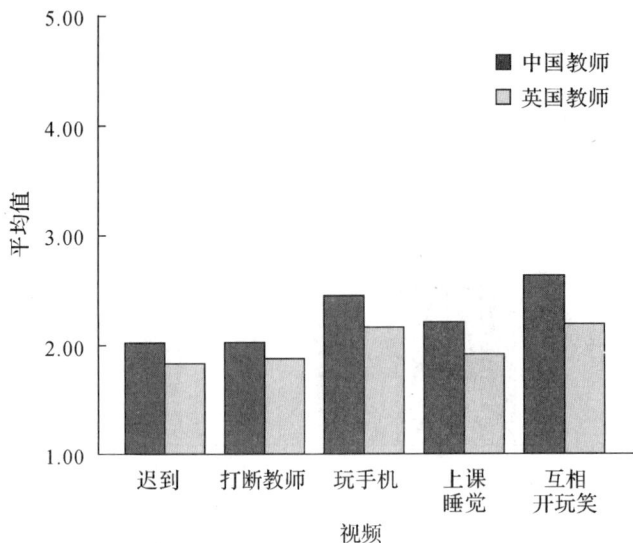

图 4.2　中英教师针对每一学生行为的整体情绪反应趋势

4.5.1.2　对比分析:教师的情绪体验之间的差异

情绪差异

多元方差分析最初以年龄和在英国的教学年限为协变量,6 种情绪的平均值为因变量(DV),性别和出生国为自变量(IV)对数据进行分析。随后,排除年龄和在英国的教学年限这两个非显性协变量之后,此多元方差分析被用于检验上述因变量和自变量之间的联系。分析后发现,性别对于情绪体验差异存在的主效应显著,$\lambda=0.82$,$F(3, 86)=2.98$,$p=0.011$,偏 $\eta^2=0.18$。出生国同样如此,$\lambda=0.82$,$F(3, 86)=3.00$,$p=0.013$,偏 $\eta^2=0.18$。这一结果意味着中国教师与英国教师的情绪反应之间存在差异,因此,面对同一学生时,来自不同国家的教师可发生不同情绪体验这一假设得到了验证。虽如此,本分析依然未能检测到性别以及出生国这两个自变量之间的显著性互动。因此,本研究随后又采用了单因素方差分析来验证性别和出生国对所有因变量的具体影响。

单因素方差分析的结果表明,中国与英国教师在其情绪反应上存在明显差异。表 4.4 列出了 6 种情绪总和后的平均值和标准差。从这一结果可以看出,中国教师对于焦虑[$F(1, 88)=5.30$,$p=0.02$,$\eta^2=0.06$]和羞愧[$F(1, 88)=9.26$,$p=0.00$,$\eta^2=0.10$]这两种情绪的体验强度明显高于英国教师。

表 4.4　中英两国教师各种情绪的总和的均值比较

情绪	CT($n=47$)		BT($n=52$)		η^2	p
	M	SD	M	SD		
愤怒	2.58	0.94	2.43	1.02	—	0.48
焦虑*	2.12	1.01	1.67	0.83	0.06	0.02
无望	1.99	0.93	1.71	0.96	—	0.18
羞愧*	1.90	1.03	1.36	0.67	0.10	0.00
悲伤	1.91	0.99	1.57	0.74	—	0.07
厌烦	3.04	0.91	3.12	0.92	—	0.46

注：CT＝中国教师，BT＝英国教师，$p<0.05$。

因这些数据并非呈正态分布，所以，为了进一步确保结果的可靠性，笔者又用曼-惠特尼 U 检验进行了非参数分析。这一检验的结果与多元方差分析的结果一致，即中国和英国教师在焦虑情绪（$p=0.03$）和羞愧情绪（$p=0.01$）的体验强度上存在明显差异。

总的来说，针对性别对情绪反应影响的方差分析检验结果并不具备显著性，也就是说，男性和女性教师在对其学生不当行为的情绪反应上并不存在明显差异。但是，根据出生国进行单独分组分析后，可发现英国男性教师和女性教师在悲伤这一情绪的体验强度[$F(1, 45)=4.54$，$p=0.04$，$\eta^2=0.09$]上存在明显差异，而中国教师组并没有发现类似差异。

为了对比不同年龄分组之间教师情绪的差异，笔者将教师的年龄作为新的变量加入检验。虽然针对年龄组划分存在多种方式，但考虑到本调研的有限样本容量以及多数社会科学研究所采用的标准（例如 Lo & Jim, 2012），笔者对年龄的分组如下：年龄在 30 岁以下的归为青年组，31—49 岁的归为中年组，而 50 岁以上的归为老年组。基于这一分组，笔者进行了单因素方差分析，但未发现不同年龄组对 6 种情绪的反应存在明显差异。笔者再根据参与者的国籍分组分析之后，也未发现同一国家组中的 3 个不同年龄组之间存在明显差异。

行为情境差异

笔者也采用多元方差法比较了每一视频情境诱发的不同国家组和性别组（自变量）的情绪的平均值（因变量）。结果显示，性别[（$\lambda=0.91$），$F(3,86)=1.66$，$p>0.05$，$partia(\eta^2=0.09)$]和出生国[（$\lambda=0.92$），$F(3,86)=1.37$，$p>0.05$，$partia(\eta^2=0.09)$]均未对因变量产生有统计学意义的多变量效应，也未发现性别和出生国之间有明显的交互作用。

其后，笔者又对每个自变量进行了一系列的单因素方差分析以检验单变量效应。首先，从表 4.5 可看出，将出生国作为自变量进行分析后，两个国家分组之间出现了明显差异：中国教师在看到"互相开玩笑"这一行为时的情绪反应强度（$M=2.63$，$SD=1.01$）明显高于英国教师[（$M=2.19$，$SD=0.99$），$F(1, 89)=4.47$，$p=0.04$，$\eta^2=0.05$]。同时，笔者再次应用了曼-惠特尼 U 检验来验证方差分析法结果的可靠性，它同样显示中国和英国教师对"互相开玩笑"这一行为的情绪反应存在明显差异（$p=0.03$）。

表 4.5 中英两国教师对五个视频情境的情绪反应的均值比较

视频情境	CT($n=47$)		BT($n=52$)		η^2	p
	M	SD	M	SD		
视频 1	1.99	0.87	1.83	0.71	—	0.35
视频 2	2.42	0.95	2.12	0.74	—	0.19
视频 3	2.00	0.81	1.85	0.70	—	0.32
视频 4*	2.63	1.01	2.19	0.99	0.05	0.04
视频 5	2.21	1.12	1.91	0.88	—	0.16

注：CT=中国教师，BT=英国教师；视频 1=迟到；视频 2=玩手机；视频 3=打断教师；视频 4=互相开玩笑；视频 5=上课睡觉。* $p<0.05$。

随后，针对性别影响的单变量分析显示，男性和女性教师对每一行为情境的情绪反应没有明显差异。

在对教师年龄采用单因素方差分析检验后，发现英国的 3 个不同年龄组教师对于"迟到[$F(2, 46)=3.43$，$p=0.04$，$\eta^2=0.13$]"和"玩手机[$F(2, 46)=3.50$，$p=0.04$，$\eta^2=0.13$]"这两个行为的感受上存在明显差异。采用 Tukey HSD 进行事后分析，数据显示，在见到学生迟到时，青年组教师的情绪反应平均值（$M=2.27$，$SD=0.74$）明显高于老年组教师（$M=1.57$，$SD=0.46$）。同样的明显差异可见于英国青年组教师与老年组教师对学生玩手机的情绪反应（平均值和标准差见表 4.6）。但是，中国 3 个不同年龄组间并未发现类似差异。总的来说，这些结果显示，随着年龄的增长，英国教师对于消极情绪的感受强度会减弱。然而，需要注意的是，只有在年龄差距足够大的情况下才可能发现此类差异。另外，本研究中各组的样本数量少而有限，若有更多参与者进入，不同年龄组之间的这些差距可能会变小或消失。

表 4.6　英国教师不同年龄组间情绪反应的均值比较

视频情境	青年($n=8$)		中年($n=20$)		老年($n=21$)		η^2	p
	M	SD	M	SD	M	SD		
视频 1*	2.27	0.74	1.93	0.84	1.57	0.46	0.13	0.04
视频 2*	2.65	0.80	2.28	0.77	1.91	0.58	0.13	0.04
视频 3	2.19	0.68	1.79	0.80	1.78	0.59	—	0.33
视频 4	2.35	0.85	2.16	1.02	2.16	1.05	—	0.88
视频 5	2.54	1.18	1.87	0.72	1.75	0.86	—	0.11

注:青年≤30 岁,中年=31—49 岁,老年≥50 岁;视频 1=迟到,视频 2=玩手机,视频 3=打断教师,视频 4=互相开玩笑,视频 5=上课睡觉。* $p<0.05$。

概括而言,中国教师和英国教师的情绪反应存在明显差异。在所有 5 种设定情境中,中国教师对于焦虑和羞愧的情绪感受强度都明显高于英国教师。在这 5 种行为情境对应的情绪反应上,中国教师对于课堂上学生互相开玩笑这一行为的情绪反应强度显著高于英国教师。

4.5.1.3　相关性分析:教师个人特性与其情绪反应之间的相关性

为了探寻教师文化背景与视频诱发的情绪体验之间的关联,笔者采用了 Pearson 相关性检验对数据进行了分析。检验中,中国教师被编为"1",英国教师被编为"2"。分析后发现,教师的焦虑($r=-0.24$, $n=90$, $p<0.05$)和羞愧($r=-0.31$, $n=90$, $p<0.01$)与其出生国之间有明显负相关性(见表 4.7)。这一结果表明教师的情绪反应与其出生国有关。随后,笔者又用 Pearson 相关性检验分析了教师年龄与其情绪反应之间的关联性,并发现了两个明显的负相关关联,如表 4.8 所示,教师的年龄与焦虑情绪($r=-0.22$, $n=90$, $p<0.05$)和羞愧情绪($r=-0.24$, $n=90$, $p<0.05$)呈负相关关联。这一结果意味着,随着年龄的增长,教师对焦虑和羞愧的感受强度随之减弱。

表 4.7　教师出生国与不同情绪的组间相关性

	1 出生国	2 愤怒	3 焦虑	4 无望	5 羞愧	6 悲伤	7 厌烦
1 出生国	—	−0.08	−0.24*	−0.14	−0.31**	−0.20	0.08
2 愤怒	—	—	0.67**	0.63**	0.53**	0.51**	0.72**
3 焦虑	—	—	—	0.77**	0.71**	0.62**	0.52*
4 无望	—	—	—	—	0.70**	0.72**	0.51**
5 羞愧	—	—	—	—	—	0.80**	0.35*
6 悲伤	—	—	—	—	—	—	0.37**
7 厌烦	—	—	—	—	—	—	—

注:* $p<0.05$,** $p<0.01$。

表 4.8　教师年龄与不同情绪的组间相关性

	1 年龄	2 愤怒	3 焦虑	4 无望	5 羞愧	6 悲伤	7 厌烦
1 年龄	—	−0.14	−0.22*	−0.17	−0.24*	−0.07	0.02
2 愤怒	—	—	0.67**	0.63**	0.53**	0.51**	0.72**
3 焦虑	—	—	—	0.78**	0.71**	0.62**	0.52*
4 无望	—	—	—	—	0.70**	0.72**	0.51**
5 羞愧	—	—	—	—	—	0.80**	0.35**
6 悲伤	—	—	—	—	—	—	0.37**
7 厌烦	—	—	—	—	—	—	—

注: * $p < 0.05$, ** $p < 0.01$。

笔者还采用了 Pearson 相关性检验对以下变量间的相关性进行了探究, 但是未发现明显相关性。

- 性别与情绪反应之间的关联;
- 教师教学年限与其对五种学生行为的情绪反应之间的关联。

4.5.2　开放式问题的结果:观看 5 个剪辑视频时的其他情绪体验

开放式问题总计 6 个。总体而言,相比中国教师,英国教师对这些问题给出的回应更多;并且,相比女性教师,男性教师更多地参与了这一环节。对这些定性数据,笔者采用了主题分析法。

其他情绪开放式问题的结果将在本节中呈现。教师的感受分析可分为五大类,分别为:极度消极、略带消极、中性、略带积极、极度积极。笔者还得到了一些令人惊讶或有趣的数据,这些反馈不属于情绪,但它们是可以影响教师判断和感受的一些因素,因此笔者也对其进行了编码和总结。这些数据结果将依照视频顺序一一呈现和讨论。参与者的回复如下。

视频 1:迟到

有 13 人回复了此视频下的开放式问题,使其成了 5 个视频中收到回复最多的那一个。参与回复的中国教师中 5 名为男性,1 名为女性;而在英国教师中,性别分布更加均衡,4 名为男性,3 名为女性。

两组教师提出的情绪类似,中国和英国教师都反馈了一个略带积极的情绪和一个中性情绪,分别是感激和同情。关于感激,一名英国男性教师说最起码学生来上课了,所以视频中的老师没必要进行挖苦。一名中国女性教师对此观点表示赞同,说学生"尽管迟到了,但还是出席了",教师应对此感到感激。另外,一位英国男性教师说他在课堂上可能会被学生的某些不当行为逗笑,比如说上课迟到,但他未给出相关原因。一位中国教师则给出了更加中性的情绪——漠视,说他并不关心学生是否迟到。此外,关于略带消极的感受,中国教师提到的是"未被尊重"和"被打扰",英国教师提到的则是"令人气馁"和"被轻微怠慢"。至于极度消极的情绪,一名中国教师再次提到了愤怒,而一名英国教师则表示他很想将迟到的学生赶出课堂。

此外,有趣的是,某些英国教师对视频中执教的教师也产生了一些意见。3 名英国男性教师说他们为视频中的教师感到丢脸,而中国教师未反馈有此情绪。据这些英国教师说,他们无法与视频中的教师产生同感,因为他的行为"并不恰当","上课才刚刚开始,他没必要对这时候发生的迟到行为表现出如此明显的消极情绪"。一位回复者直接表示说:"显然整个班级都不是很上进,(若我是他的话,)我会自省为什么会发生这种事。"所有这些想法让参与者们不仅对视频中的教师感到遗憾,同时为教师职业感到遗憾,因为有些教师不能胜任教学工作。

视频 2:玩手机

7 名参与者对于学生玩手机的视频提供了更多情绪反馈。这一环节的反馈中没有积极情绪。1 名中国教师提出了 2 种中性情绪(漠不关心和同情)及 1 种略带消极情绪(失望)。相对而言,英国教师反馈了 3 种极度消极情绪和 1 种略带消极情绪。极度消极情绪组中,1 名英国教师表示,若他看到投入课堂学习的学生那么少,他将感到沮丧。另外 1 名英国教师认为他"将极有可能将这一学生扔出教室",他"不会让自己的课堂沦落到那种状态"。还有 1 位教师说要看情况而定,因为在课堂上看到这种行为,最让他感到沮丧的地方是"不能分辨出这个学生是在手机上查找与课堂相关的资料,还是在刷社交软件"。若是前者,他可以接受,但若是后者,他将感到厌烦。此外,类似于中国教师,也有 1 名英国教师反馈在遭遇这一状况时会感到失望。

视频 3:用与课堂无关的问题打断教师

针对这一视频的开放问题,总计有 7 名教师给出了反馈,其中仅有 1 名教师来自中国,其他都来自英国。给出反馈的中国教师为女性,她表示若这一行为发生在她的课堂上,她将感到非常沮丧。英国教师组中唯一的女性也给出了类似的反馈,并表示她还会感到失望。其余反馈都来自英国男性教师,其中 2 名教师报告的情绪为略带消极情绪(例如疲惫)。有 1 名教师再次提到他在看到学生的这种行为时会感到稍稍可笑。另外 2 名教师在假设这一行为发生在他们的课堂时,都反馈出了极度消极的感受。其中,1 名教师针对他的每一种情绪感受都给出了详细的说明。他说:

很明显,如果一个学生在课上反复问我交作业的截止日期,我会感到极度愤怒或厌烦。如果在我之前发给他们的材料里已经详细说明了这个日期,我还会感到一丝丝无望。受职业自豪感的影响,学生这样反复询问,我还将感到羞愧,同时我还会因为未能与学生们实现良好沟通的事实而感到焦虑。

另一回复者说,"教师应该给那个学生一耳光",不过这有可能是他的玩笑话。除上述反馈之外,参与者们对视频中教师的教学技巧给出了一些评论,参与者们认为视频中的教师"对学生表现方式的反馈不恰当"且"语速过快"。

视频4:相互开玩笑

本环节中,仅有英国参与者们给出了反馈,其中,5名为男性,1名为女性。在观看学生相互之间开玩笑的视频后,2名教师提到了"价值观崩塌"。1名教师说这一行为"否认了我所信奉和珍视的学习价值"。有两名教师认为自己在遭遇这一情境时会产生强烈的反应。其中,1位说"我会停止上课,让捣乱者停止不当行为或离开",而另1位说"我不会允许这一行为出现,我不会让我的课堂沦落到那种状态"。其中唯一的女性说自己在遭遇这一状况时可能会产生强烈的沮丧和失望感受。

视频5:上课睡觉

观看学生上课睡觉的视频时,9名参与者发现自己产生了情绪反应。详细地说,2名中国教师在看到这一情境时反馈了略带消极或中性情绪的感受。其中1位说"只要不打鼾",她不介意学生在课上睡觉;但是若这一行为影响到了他人,她将会感到厌烦。另1名教师则感到了可惜,她认为学生上课睡觉是在浪费他们自己的时间。而对于英国教师来说,反馈最多的则是"引起关注"。3名男性教师认为这一行为会引起他们对此学生的注意。2名则认为这一行为并不会触发他们的情绪,原因之一是他们已经在某种程度上习惯了。而另外1位男性教师还是认为这一行为会让他感到好笑。其中唯一的英国女性教师说若看到学生上课睡觉,她会感到稍微有点失望。总的来说,与前面4种行为相比,学生上课睡觉的行为不会触发教师太高强度的情绪体验。

4.6 讨 论

4.6.1 研究问题回顾

为了验证中国教师与英国教师在遭遇同一学生不当行为时可能产生不同情绪体验的假设，本研究提出了如下几个研究问题。

主问题：

中英两国教师在面对相同的学生课堂捣乱行为时是否会产生不同的情绪体验？

子问题：

1)若主问题的回答是"是"，那么这两个教师群体的情绪体验存在何种差异？

2)若主问题的回答是"否"，则为什么不存在差异？

3)哪些因素与中英教师情绪体验的差异/相似之处有关？

本研究(视频问卷调查研究)为回答主研究问题和第一个子问题而设计。本研究采用了一种具有创新性的调查工具，即视频情境问卷，来研究中英两国教师的情感体验。结果显示，本研究的假设成立，中国教师和英国教师的情绪体验存在明显差异。因此，接下来，笔者将讨论这两个教师群体的差异在哪里，以及研究结果为教育领域和心理学领域带来了哪些启示。

4.6.2 情绪体验的差异

整体而言，中国教师体验的情绪强度要高于英国教师。这一结果可能与之前大多数研究所揭示的亚洲受访者不似欧美受访者那样倾向于表现强烈或极端情绪的现象不太吻合(Leu et al.，2005；Bagozzi et al.，1999)。比如说，在 Stipek (1998)实施的一项研究中，相比中国学生，美国学生于考试作弊被抓后感受的羞愧和惭愧情绪强度更高。

从教师对个别学生行为情境的情绪反应来看，中英两国教师之间存在一些相似之处。第一，来自中英两国的教师均认为会引起其最强烈感受的学生行为是学生之间相互开玩笑，且这一情境引起的情绪中，两组教师打分最高的都是厌烦情绪。第二，如图 4.2 所示，尽管中国教师和英国教师在单个情绪的体验强度上存在差异,但是两方在观看 5 个学生行为视频时的情绪体验走向趋于相似。此外,从图 4.2 中还可以看到,中国教师和英国教师被 5 个视频诱发出的情绪种类也趋于相似。因为在量表中"无情绪反应"一项也列于选项之中,所以,若教师没有感受到该情绪,他们可以直接选"无情绪反应"。由上述结果可发现,来自中国和英国的教师针对所有 6 种情绪(愤怒、焦虑、羞愧、无望、悲伤和厌烦)有相似的情绪反应趋势,也就是说当两国教师见到同一学生捣乱行为时产生的情绪的种类类似。所以,本研究中发现的来自两个国家的教师的情绪体验差异仅是情绪感受强度上的差异。

研究结果显示,中国教师反馈的"焦虑"和"羞愧"情绪强度高于英国教师。这一结果与 AEQ 的验证研究相符合。Frenzel 等(2007)在其研究中发现,学习数学的中国学生与德国学生相比,中国学生对焦虑和羞愧两者的体验更强烈,而愤怒的体验则相对较低。本研究同样发现,与英国教师相比,中国教师对愤怒的体验强度也更低,但这一差异不如其他两个情绪体验差异那样明显。这些差异在某种程度上可使用文献综述中提到的情绪文化模型来解释。根据 Kitayama 等(2006)的观点,来自主张集体主义文化团体的人因其社交的首条原则是与他人和谐共处,他们容易感受到更多的社会参与类情绪。在这样的文化中,人的社会身份主要由他人或团体来定义,因而,在社会和谐被破坏时,拥有此类文化背景的人更容易觉得这种破坏会影响到其个人身份,然后,根据情绪评价理论家(Frijda,1986;Lazarus,1991,2001)的说法,若个人将现实与理想不一致的原因归咎为自身,则很容易产生羞愧和焦虑感受。

此外,本研究的发现还验证了 2.3.2.4 中提出的另一假设——国际教师在国外教学环境中更容易感到焦虑。此焦虑是他们对环境感到不确定时产生的副作用,因为国际教师常常不确定他们自己的情绪反应是否符合新的教学环境(Mesquita et al.,1997)。

笔者发现的两国教师在羞愧和焦虑两种情绪上的差异也再次验证了 Alberts 等(2010)的研究发现。他们注意到,相比其他教师(例如白人教师)而言,来自少数族裔的国际教师会遭受到更多的学生敌意行为。而根据 Lazarus(1991)及 Smith 和 Ellsworth(1985)的研究发现,人在将自身视为弱势群体时,就有极大可能会产生羞愧和焦虑这两种情绪。

最后,笔者并未发现年龄和教龄这两个个人特征与中英两国教师情绪体验的差异有关。也就是说,来自中英两个国家的教师,在各年龄段(青年、中年和老年)和教龄段中,其情绪体验都存在类似的趋向。

谈到本研究发现的相关性,最明显的关联存在于教师的出生国和其情绪体验之间。这一结果揭露了教师的文化背景可在某种程度上影响其情绪体验,同时它还显示,中国教师和英国教师的焦虑感受均会随着年龄的增长而减弱。

4.6.3　结　论

总的来说,本研究揭示了中国教师和英国教师在情绪反应方面的诸多差异。其中,关键差异在于焦虑和羞愧情绪的强度。在面对同一学生行为时,中国教师在这两种情绪上反馈的强度远高于英国教师。而这些差异产生的原因在某种程度上可通过文献资料来解释,可能的主要原因有两个:一个原因是这些教师本身的文化价值观的不同,而另一原因则是中国教师对国外教学环境感到的不确定。

总之,本视频情境问卷调研的结果明确地回答了主问题,并清晰详细地阐述了中英教师在具体情绪强度上的差异。

第5章 子研究二:日记追踪研究

日记追踪研究的目的是检验中国和英国教师情绪体验之间的差异是否显著。同时,它还致力于探寻教师对学生行为判断与其长期情绪体验之间的关联。本研究中揭示的中国和英国教师情绪体验模式旨在支撑问卷调查研究中的发现。

5.1 样　本

募　集

本研究的参与者依旧为在英国大学和孔子学院执教的教师。本研究阶段的样本募集基于调查问卷参与者的自愿。在调查问卷的最后,笔者列出问题,问受访者是否愿意参加为期5周的日记追踪研究。有26人留下了联系方式,表示有兴趣参与。然而,因本次日记追踪研究耗时较长,且比较复杂,最终只有很少的参与者全程完成了这一研究。

描　述

表5.1给出了本研究受访者的背景信息。总计有15人参与了本研究,其中,6名为中国教师,9名为英国教师。参与的女性教师人数($n=10$)是男性教师人数($n=5$)的两倍。

参与本研究的中国教师的平均年龄为28.33岁($SD=4.93$),其中最小的24岁,最大的是36岁。此组的教学年限为1—8年,平均3.08年($SD=2.87$)。中国教师对应的学生的平均年龄为18.17岁($SD=5.57,min=8,max=25$),其班级平均人数为20.83($SD=10.21$),最少的15人,最多的40人。

英国教师组中,参与者的平均年龄为44.44岁($SD=12.91$),年龄范围在

26—60 岁。受访者的教学年限平均值为 13.72 年($SD=11.49,min=2,max=31$)，远高于中国教师。英国参与者对应的学生平均年龄（$n=19.78,SD=4.68$）与中国教师组的差不多。班级的规模略大于中国教师组，平均值为 24.56 人（$SD=12.44$），且其范围也更大，少至 5 人，多至 40 人。

表 5.1　日记追踪样本的人口学信息

人口学信息	中国	英国	总计
数量/人	6	9	15
各性别人数/人	F=5，M=1	F=5，M=4	F=10，M=5
年龄（平均值）/岁	28.33	44.44	38.00
在英教龄（平均值）/年	3.08	13.72	9.47
最近所教授学生的年龄（平均值）/岁	18.17	19.78	19.13
班级平均规模（平均值）/人	20.83	24.56	23.07

此外，表 5.2 给出了 5 周中每一周所有参与者的人口结构信息概况。从中可以看出，随着时间的流逝，参与者的数量在逐渐减少。

5 周中参与者进行日记汇报的总计 45 个班级中，37.78% 由中国教师执教，62.22% 由英国教师执教。此外，完成所有 5 周日记的有 1 名中国的男性教师和 1 名英国的女性教师。完成了至少 3 周日记的有 9 名，构成了本次日记追踪研究总样本的 60%。

表 5.2　每周的参与者的概况

参与者概况		第 1 周	第 2 周	第 3 周	第 4 周	第 5 周	总计
数量		14	11	9	6	5	45
出生国	中国	6	4	3	2	2	17
	英国	8	7	6	4	3	28
性别	女	10	7	5	3	2	27
	男	4	4	4	3	3	18

5.2　工　具

本次研究采用的数据收集工具是通过网络发放的，是由 Frenzel 等

(2009a)的日记追踪研究表格改编而来的简单且类似于问卷调查格式的日记表(见附录 C)。使用 Frenzel 等(2009a)日记追踪研究改编的理由如下:第一,在其研究中,此工具被用于大数量($n=237$)教师情绪体验的测量。大规模的样本在某种程度上验证了他们使用的工具的可靠性。第二,其研究是为数不多的检验教师情绪诱因和教师情绪体验及两者之间关系的研究之一,因而,他们的研究对本研究的构建有着很大的启示作用。第三,这一工具中的大多数项都有明确的数值范围,可以让参与者简单而快速地填写,所以,这一简洁设计可减少参与者的工作量,有助于提高反馈比例。

除第 1 周的日记表包含了收集参与者个人信息的部分之外,其他 4 周的日记表均只包含三大部分。日记表中的一些项目(例如性别、出生国和年龄)与问卷调查研究中的项目类似。但为了做到数据匿名,参与者们被要求为自己创建一个独有的编码,方便研究人员追踪,也便于研究人员之后将同一参与者的所有 5 周数据规整到一起。除此之外,笔者还会每周询问参与者填写日记的日期。

日记表的第一部分调研的是教师对班级表现的看法,项目包含了教师对每一堂课上学生表现的看法,调研的几个分项分别是"学生理解课堂材料""学生在课上表现积极"以及"学生遵守课堂纪律"。参与者会被问及在多大程度上同意述题项,1 为强烈不同意,5 为强烈同意。第二部分则用于判断教师在教学中的感受。在此日记表的原始版本中,Frenzel 等只列出了 3 种情绪(享受、愤怒和焦虑)并对其进行了评估。但是,为了能让本次日记追踪研究的结果更加有效地支撑问卷调查中的发现,日记表也将其他情绪(无望、羞愧、放松、悲伤和厌烦)囊括进了评估项中。另一来自 AEQ 的情绪——"放松"也被加入该表,使得此日记表尽可能贴合教师在实际教学环境中的情绪体验。参与者们通过回复"在上课时我感到 xxx"这样的问题对这些情绪进行评分。所有的评分均采取李克特 5 分制量表进行评估。日记表的第三部分是评论区,由四个开放式问题构成。教师们被要求在这里填写他们于当天课堂中观察到的学生积极行为、学生消极行为、印象最深的学生行为(以上三项可以是同一行为),以及他们对这一节课的整体感受。此部分用于挖掘教师们在真实教学环境下所面对的学生行为及其情绪体验,以获取一些探索性的发现。

5.3 步 骤

笔者从 Qualtrics 在线调研网页中将愿意参加日记追踪研究的受访者的联系方式下载了下来。联系列表中总计有 26 人。在获取了约克大学教育学院教育道德审查委员会的许可后，笔者对列表中留下联系方式的教师发出了电子邮件邀请函。此邮件告知收件人，他们之所以收到此邮件，是因为他们在调查问卷中表达了参与后期日记追踪研究的兴趣。同时，邮件中还给出了参与日记追踪研究的详细流程：若参与此研究，参与者将被要求在每周的一个教学日完成一个简短的日记（花费 3—5 分钟），连续 5 周，记录他们对教学过程中情绪体验的看法。在每周一，他们将收到由 Qualtrics 调研网页生成的一个链接，通过此链接进入日记，并被要求在当周完成教学日记的填写。若教师执教的班级不止一个，在第 1 周填写时，他们可任意挑选一个班级作为记录对象。但是，笔者建议，他们在接下来的 4 周内，每次填写表格时都使用同一个班级作为记录对象。此外，邀请邮件中还包含了一份日记表样本，以便参与者估算他们需要为此付出的工作量。

在参与者们第一次打开链接时，他们首先会看到一份知情同意书，知情同意书的首页会告知他们的参与权限以及本研究提供的保密措施；下一页则告知参与者们，填写和提交表格即表示他们同意参与本次研究。

本日记追踪研究的整个数据收集流程费时 2 个月左右，具体细节如下：

某年 1 月

笔者于研究开始的 1 周前发出邀请邮件。在 1 月末，笔者发出包含了第 1 周日记表链接的邮件。在这封电子邮件中，研究人员还提供了一个链接，通过点击此链接，参与者可选择拒收未来来自研究人员的邮件。另外，研究开始后的所有邮件中均含有此链接，这意味着参与者们可在 5 周中随时放弃参与实验。第 1 周中，有 22 人打开了链接，其中，14 人（63.64％）填写了表格。

某年 2 月

本月中，除了每周一发送日记表的链接之外，笔者还于每周五通过 Qualtrics 提醒未填写当前周日记表的参与者们及时填写。与许多其他日记追踪研究（例如 Klassen & Durksen, 2014；Bakker & Bal, 2010）中的情况一样，本研究中的留存率在 5 周中逐渐降低。第 2 周，留存率降至 45.45％（有

10 个参与者留存),第 3 周为 36.36%(有 8 个参与者留存),第 4 周中加入了 1 个新的参与者。而第 4 周只有 6 个人填写了日记表,至此留存率降至 27.27%。

某年 3 月

第 5 周的日记表于 3 月初发出,至该周末,有 5 个参与者完成了填写和提交,最终,留存率降至 22.72%。在日记追踪研究的最后,笔者对所有参与者发出了一封感谢信,表达研究人员对其参与的感激。

5.4 结 果

5.4.1 定量结果

对于本研究的定量数据,研究者只采用了描述性统计分析法予以分析,原因是参与本研究的参与者太少,使用推断性统计分析无法生成有效的统计学意义。笔者在表 5.3 中对日志研究结果进行了概括,其中每一周的均值都是整合了各组所有教师反馈意见的结果。

表 5.3　日记结果摘要

项目	教师国别	第 1 周 (M)	第 2 周 (M)	第 3 周 (M)	第 4 周 (M)	第 5 周 (M)	总计
学生理解课堂材料	中国	4.50	4.25	4.25	4.00	3.67	4.13
	英国	3.75	4.00	3.67	3.67	3.67	3.75
学生在课上表现积极	中国	4.33	4.25	4.00	4.00	3.67	4.05
	英国	4.13	3.86	4.17	3.33	3.67	3.83
学生遵守课堂纪律	中国	3.83	4.25	4.00	3.33	3.67	3.82
	英国	4.00	4.14	4.17	3.33	3.67	3.86
享受	中国	3.83	3.75	4.00	3.33	3.33	3.65
	英国	3.50	3.71	3.17	3.00	3.33	3.34
愤怒	中国	1.17	1.00	1.00	1.00	2.33	1.30
	英国	1.38	1.14	1.33	1.33	1.00	1.24

续表

项目	教师国别	第1周(平均值)	第2周(平均值)	第3周(平均值)	第4周(平均值)	第5周(平均值)	总计
焦虑	中国	2.50	2.50	1.75	3.00	1.67	2.53
	英国	1.75	2.00	1.50	1.33	1.33	1.58
无望	中国	1.33	1.00	1.00	1.00	1.67	1.20
	英国	1.13	1.14	1.50	1.00	1.33	1.22
放松	中国	2.67	1.75	1.50	1.67	1.67	1.85
	英国	2.00	2.43	2.17	1.33	1.00	1.79
羞愧	中国	1.17	1.00	1.00	1.00	1.33	1.10
	英国	1.14	1.14	1.17	1.00	1.33	1.16
悲伤	中国	1.50	1.00	1.00	1.00	1.67	1.23
	英国	1.25	1.29	1.00	1.67	1.33	1.31
厌烦	中国	1.3	1.50	1.00	1.33	1.67	1.36
	英国	2.13	1.29	1.21	2.00	1.33	1.59

日记表的第一部分检验了教师对学生课堂表现的看法,总体来说,研究者并未发现中国教师组和英国教师组的看法的平均值间的显著差异。中国教师可能更倾向于认为学生在吸收学习内容及展现积极性方面表现良好,因为他们对这两项的评分稍高于英国教师。而英国教师可能对学生在其课堂上注意力集中而感到更加满意,因为英国教师的这一平均值高于中国教师。此外,从表中还可以看出,在这5周内,教师对学生表现的评分均呈下降趋势。

本日记的第二部分测试了教师于这5周中在自身课堂中的情绪体验。有8种情绪被列入了这一打分范围。从表5.3可以看出,中国教师在享受、愤怒、焦虑和放松情绪上反馈的强烈程度高于英国教师。特别是在焦虑情绪的体验上,中国教师的体验强度的均值 $M=2.53$,这要远高于英国教师的均值($M=1.58$)。相对而言,英国教师对无望、羞愧、悲伤和厌烦情绪的体验强度则稍高于中国教师。

5.4.2 定性结果

日记表的第三部分调研了教师对学生的积极行为、消极行为、令其印象最深的行为的评估,以及自己当天教学的整体感受。对所有教师的回复进行编码和分组之后,笔者有了一些关键发现,在此列出。

积极行为

中国教师最经常提到的学生积极行为是积极参与课堂活动,在 5 周内出现了 13 次。英国教师经常提到的学生积极行为则是学生取得学业成就,在他们的日记表中出现了 12 次。

消极行为

中国教师和英国教师最常提起的学生消极行为均是不参与课堂活动,中国教师提到了 7 次,而英国教师提到了 14 次。他们记录的具体的学生不当行为也非常类似,如学生打扰他人、在课上聊天和使用手机等。

印象最深刻的学生行为

于这一开放问题栏中,中国教师提到了 10 次积极行为、2 次消极行为,作为当天印象最深的学生行为。在英国教师反馈的印象最深的学生行为中有 10 次为积极行为,4 次为消极行为。

对这一节课的整体感受

中国教师们在对其教学整体感受的反馈中提到了 13 次积极感受,消极感受在此组别中仅被提到了 1 次。英国的教师对其教学的整体感受中则有 14 次为积极感受,8 次为消极感受,中性感受也被提到了 4 次。

5.5 讨 论

人的即时情绪反应可受到自身核心情感——也可理解为当天心情 (Barrett & Russell,1999;Schutz et al.,2009)的影响,本日记追踪研究旨在验证问卷调查研究中得出的结果(即教师的临时情绪反应的程度)是否会被他们当天的心情所左右。

从日记追踪研究的结果来看,问卷调查中发现的在焦虑情绪上的差异颇为可信,因为本跟踪研究同样发现中国教师在此情绪体验上的强烈程度高于英国教师。然而,与问卷调查结果不同的是,本研究并未发现中英两国教师在其他情绪体验上存在同样的明显差异。

在定性结果方面,除了在这 5 周内中国教师仅 1 次将学生获得成就报告为当天的积极行为,而英国教师报告了 12 次之外,笔者并未在教师的叙述中获得什么意外的发现。

第6章 子研究三:访谈研究

6.1 样 本

调查问卷结束后,笔者设置了访谈环节,询问教师们是否愿意参与后期的访谈研究,共有 24 名教师表示感兴趣且留下了联系方式。因此,本研究的参与者募集是基于受试者的自愿。

样本描述

表 6.1 列出了访谈参与者的人口学数据。由此表可看出,共有 7 名中国教师和 6 名英国教师参与了本次研究。

表 6.1 访谈样本的人口学信息

人口学信息	中国（文化根源）	英国（文化根源）	总计
数量/人	7	6	13
各性别人数/人	F=6,M=1	F=1,M=5	F=7,M=6
年龄(平均值)/岁	28.29	45.50	36.23
在英国的教学年限(平均值)/年	2.10	16.33	8.66

从总数来看,两种性别参与人数比较接近,但如果按照国别分开看,一种性别的数量远高于另一种性别:中国组中男性仅有 1 名,而英国组中女性仅有 1 名。从年龄来看,英国教师组和中国教师组也有着巨大差异(平均年龄相差 17.21 岁)。这一现象的形成可能有多种原因。原因之一,是 4.1 中提到的中国教育部中文语言文化交流合作中心(原孔子学院总部/国家汉办)对教师工作申请者的年龄限制。原因之二,可能是参与本次主研究的中国教师大多为

研究生助教,因为还是学生,所以他们的年龄不会太大,在英国的教学年限也不会太长。受访者的更多细节信息如下:

中国组(名字为假名,年龄均为访谈时的年龄)

Cuifu:24 岁,为孔子学院的教师,主要负责教授小学生中文和中国文化。据其反馈,她在英国已执教 2 年。

Hongda:27 岁,是参与本次访谈研究的中国组教师中唯一的男性。他是一名博士研究生,曾经在一所大学教授 2 年级和 3 年级学生数学,在英国执教已达 2 年。

Anjun:25 岁,有在英国某大学执教 1 年的经验。作为一名博士研究生助教,她负责教授 1 年级和 2 年级学生政治。

Peilan:约 40 岁,是某大学的一名教授。有一点特殊的是,她是英国籍。但是她是后期加入英国籍的,且至今将中国文化看作其文化背景,所以笔者将她归入中国组。她负责教授研究生社会政治学,至访谈研究日,她在英国执教已达 7 年。

Yuli:27 岁,是一名博士研究生助教,在某大学教授 1 年级学生语言学。在英国有 1 年的执教经验。

Xiaoxia:27 岁,是孔子学院的一名教师,教授成年学习者中文(基础水平)。她在所有受访者中的教学年限是最短的,仅 7 个月。

Hanya:29 岁,刚成为某大学的讲师,负责教授本科 4 年级和 5 年级学生及硕士生工程学,在英国有 1 年的执教经验。

英国组(名字为假名,年龄均为访谈时的年龄。所有的英国受访者均在英国的大学内执教,所以在接下来的个人介绍中对这一点将不再赘述)

Albert:34 岁,是一名博士研究生助教,教授 1、2 年级本科生政治。有 2 年的执教经验。

Barbara:56 岁,执教已有 20 年,为环境专业本科 1 年级和 3 年级学生或研究生开讲座。此外,她还是参与本次访谈研究的英国组教师中的唯一的女性教师。

Clay:60 岁,是一名计算机科学系的教授。他拥有 32 年的教学经验,是本次访谈研究中经验最丰富的一位。另外需要提到的是,他在美国有 6 年的教学经验。他的学生中既有本科生也有研究生。

Daniel:56 岁,教授,给大学本科生教授化学。在英国有 32 年的教学经验。

Eric:42 岁,是教育学领域的一名讲师,在某大学教授所有年级的学生。

有 8 年的教学经验，

Frank：25 岁，是英国组中最年轻的受访者。他主要负责教 1 年级和 3 年级本科生法律，同时也是英国组中的另一位博士研究生助教。

6.2 数据收集方法

如 Johnson 和 Onwuegbuzie(2004)所述，定量调查有许多优点，例如，它可以测试已有的关于现象的理论，并且在某种程度上暗示现象的原因，并且定量结果也相对独立于研究者的主观态度，但是它仍然存在一些局限性。例如，它缺乏探索个人看法和研究检验对象潜在动机的能力。因此，要实现对定量结果的丰富而详细的解读，还需要采用定性研究(Robson，2011)。

本次研究中，笔者采用了半结构式访谈来探寻调查定量数据所包含的深层含义。正如 Barriball 和 While（1994）以及 Robson（2011）提出的，半结构式访谈结构清晰、操作灵活，所以在定性研究中得到了广泛应用。Bernard（2012）认为，若研究人员只能与参与者见面一次，那么最好在会面之前准备一份主试想要受访者回答的所有问题的清单。

基于参与者偏好与研究的便利，笔者主要采用了两种访谈方式：电话访谈和面对面访谈。Robson（2011）和 Bernard（2012）指出，从时间消耗和费用支出来看，电话访谈可谓一种非常经济的选择。它被视为研究人员和参与者间存在地理障碍时最有效的定性数据收集途径之一（Dicker & Gilbert，1988；Fraenkel & Wallen，2008）。然而，这一途径却无法让研究人员观察到受访者的面部表情或姿态，因而某些有助于理解参与者回复的有用信息可能会被遗漏。考虑到电话访谈的这一局限性，我给予了受访者几种选择：接受电话访谈、Skype 视频访谈或在条件允许的情况下接受面对面访谈。

进行本阶段研究之前，我准备了一份访谈计划表（见附录 D），该表纳入了 3 个开放式问题。遵循 Robson（2011）及 Cohen（2004）的指导及建议，我们在访谈的设计上尽量精简，且所有的问题都翻译成了中文。根据 Lee 等（2011）的观点，若要获取对整个现象的更好理解，让参与者们使用更能表达其看法的语言极为重要。因此，在访谈开始时我让中国受访者们自行选择他们想使用的语言，中文、英文都可以，这样做也使得他们的参与动力得到了提升。在实施正式访谈研究之前，我首先进行了三次试点性访谈，作为对计划表中内容的试用和检验，然后基于受访者的反馈对访谈的时长及结构进行了修改。

基于这样的操作,我确立了最终的半结构式访谈的结构。本次访谈的主要目的是探寻可用于解释中英两组教师情绪差异的因素。访谈中还将对受访者在实际教学环境中的个人情绪体验进行探讨,以尽可能地完善教师情绪体验的全面画像。

以下是采访问题,它们致力于找寻出中国教师的焦虑和羞愧情绪远高于英国教师的具体原因。

（1）在问卷调查的第二个环节,我让教师们观看了 5 段视频,然后对视频诱发的情绪反应(愤怒、焦虑、无望、羞愧、厌烦、悲伤)的强度打分。中国教师们反馈他们感受到的焦虑和羞愧远高于英国教师。根据您的估计,是什么因素导致了这一差异呢?

（2）您是否可以举出一个学生在课堂上令您产生难忘情绪的例子?

（3）总体上,您对您的教学感觉如何?

最后两个问题调研的是教师们在实际教学环境中的情绪体验,调研目的之一是研究在第一阶段问卷设计中可能被忽略了的学生行为与教师情绪感受,这一问题的结果也许可为未来的研究奠定基础。

6.3 步　骤

在此研究阶段,笔者通过半结构式访谈来研究参与者们对问卷研究数据结果的看法。

在得到约克大学教育学院道德审查委员会的许可后,笔者在 Qualtrics 的数据报告站点找到了参与者们的具体联系信息,然后将邀请邮件发给了所有在调查问卷研究中表示愿意参与此访谈研究的参与者。在这封邮件中,笔者首先介绍了本次访谈研究的目的,然后解释了受访者会收到这一邀请邮件的原因;接着,笔者再次询问了参与者们参与本次研究的意愿,以及他们偏好的访谈途径(例如电话访谈或面对面访谈)。这封邮件中还附有包含了知情同意书和访谈问题示例的访谈协议,告知参与者们此次访谈为个人访谈,时间在20 分钟左右。在收到参与者们同意参与的回复后,笔者基于参与者偏好的方式和时间安排好了访谈日程。此外,因为访谈的问题是基于问卷调查研究的结果而构建的,所以问卷调查项的副本也被发给了访谈参与者。确认访谈安排后,笔者在约定日期的前一天给受访者发送了邮件进行提醒,然后在访谈开始前 15 分钟再次通知了受访者。

为了进行电话访谈,笔者在约克大学的社会科学研究中心预订了一间访谈室,同时还从中心租了一套录音设备。所有的访谈均进展顺利,虽然其中 2 次 Skype 电话访谈因信号差而中断,但随后笔者转为用手机通话,进行电话访谈。

每一次访谈开始时,笔者都会首先和受访者打招呼,介绍自己,以打破沉默。然后,笔者向受访者解释此次访谈的目的以及访谈协定。在这一阶段,笔者也会再次确定参与者参与访谈的意愿以及语言偏好。在这之后,笔者会问几个问题,来收集受访者的背景信息,随后进入访谈的主要环节。访谈中,笔者不仅会问事先已确立的问题,还会根据参与者的回应提出相关后续问题。此外,Dornyei(2007)提议的几种调查策略也被笔者采用,比如重复受访者的话语,引导他们打破沉默,使用友好的姿态(例如点头),以及让受访者们举例来鼓励他们表达自身的想法。另外,研究人员不仅采用了录音设备,还进行了纸面记录,以列出某些重要的点或想法。在访谈的最后,笔者表达了对每一受访者的感激,并告知他们可在 6 个月后问询访谈结果。

数据收集时间如下。

某年 5 月

笔者首次联系参与者是在某年 5 月 24 日。笔者给 22 位在问卷调查中留下联系方式的参与者发出了邀请邮件。在第一轮联系中,8 位参与者给出了回复,其中 1 位拒绝了访谈,而剩下 7 位表示同意参与访谈。5 月 27 日,笔者给未回复的参与者们发出了提醒邮件,此次邮件联系后,有 2 位教师主动联系并表示对此访谈研究感兴趣。第一次访谈在 5 月 28 日开始,5 月总共完成了 4 次访谈。

某年 6 月

至 6 月,还有 12 位参与者没有回复邀请邮件,于是,笔者按照在邀请邮件中提到的,将一条邀请短信发送到了他们预留的手机号上。在这一轮联系后,有 4 位参与者回复并确认参与本次访谈研究。因数据收集的截止日期临近,且考虑到受访者多次收到笔者的邮件或短信后可能会感到厌烦,所以在本次短信邀请后,笔者没有再联系更多的教师了。因此,总共有 13 人参与了本次访谈研究。最后一次访谈在某年 6 月 15 日结尾。

6.4 数据分析

笔者收集到了大量的定性数据。根据 Robson(2011)的观点,主题关键词提取分析法是广泛用于定性数据处理的主要方式之一,且这种方法尤其适合于教学实践研究。基于这一观点,本研究采用主题关键词提取分析法对收集到的定性数据进行了分析。

为了引导研究人员顺利实施主题关键词提取分析法,Braun 和 Clarke(2006)明确列出了使用此数据分析法的 6 个步骤,而本研究数据的分析流程也据此分为了 6 个阶段。

第 1 阶段:熟悉数据

根据 Braun 和 Clarke(2006)的建议,执行定性数据分析的第一步是让自己沉浸于数据,让自己对数据的深度和广度有一个粗略的概念。研究人员可通过转录采访音频、反复阅读文本数据和做初步笔记等实现对数据的熟悉。因此,在这一阶段,除问候语和提示语之外,笔者对访谈的全部内容进行了转录。另外,Allwight 和 Bailey(1991)提议,为达到研究目的,研究人员们应当通过删除非必要的对话来减少定性数据的冗余。基于这一建议,笔者排除了记录副本中访问者和受访者之间的一些无关谈话,让分析用的脚本变得更为精简,便于研究。此外,笔者对某些非语言沟通(例如身体语言)和情绪基调(例如大笑)也进行了记录,以更好地理解对话内容。对于大部分的访谈,笔者采用了人工抄录,但有时也会使用语音转文字软件,加快抄录速度。在抄录完成后,笔者对所有文件的格式进行了调整,并将其录入 NVivo 11。NVivo 11 是一款在定性数据分析中广泛应用的软件(Bazeley & Jackson, 2013; Gibbs, 2002; Leech & Onwuegbuzie, 2011)。

第 2 阶段:生成初始关键词

在这一阶段,研究人员根据总结数据展现出的一些有趣的特性,在整个数据集上系统地编制出关键词。Braun 和 Clarke(2006)以及 Miles 等(2013)提到,若研究人员已经想好了特定的问题,且想要挖掘与理论对应的主题,则可使用一些预先制定好的关键词来对数据进行检验,而这一方式是对数据探索的演绎推理。正如在前面章节中所讨论的,笔者已经知道情绪评价(例如责任性和应对能力)和个人素质诱因(例如规范和信仰)可使教师情绪体验发生差异这一理论,因而,在进行文献阅读时,笔者就在心中形成了诸如中国和英国教师在状况判断时会涉及哪种特定情绪评价维度,两组在每一维度上将产生什么差异的问题,因此就有了一份针对这些特定问题的初始关键词清单。为了保持分析叙述的一致性,这些关键词在初拟时只有英文版。此外,采用归纳法来探索数据也是非常重要的,因为它可以明确数据中潜藏的主题或意外发现。基于上述原因,根据 Miles 等(2013)的建议,笔者采用了多种方法(包括要素法、情感法和探究法)对关键词和主题进行归纳。为了验证这些初始关键词的正确性,笔者还雇用了熟知定性研究方法的一名中国博士生和一名英国博士生将所创建的 10 个关键词和 10 项摘录进行匹配。

第 3—5 阶段:搜寻、回顾和定义主题

根据 Braun 和 Clarke(2006)以及 Miles 等(2013)的说法,要生成主题,首先需要从文本中获取关键词,然后,研究人员需对这些获取的关键词的信息进行整理,最后将其纳入能够反映共识的主题之中。本研究的主题提取基于以下三个标准。第一,如之前所述,提取定性数据含义时采用了演绎法,因此,某些主题是根据综述中的关键理论概念而定的。第二,根据 Braun 和 Clarke(2006)的建议,笔者使用了一些"可视化代表(visual representations)"(89)来更加清晰地发掘各个关键词之间的联系,并且在 NVivo 11 中列出了一些层级关系表,最后在 PPT 里绘制出了主题关键词分布图(见图 6.1),以展现主题生成过程中的关键词。笔者先根据初始关键词生成主题,然后将所有的摘要根据主题进行分类。参与者广泛接受的共识被视为初始主题。此外,尽管 Ryan 和 Bernard (2003)认为,让各主题之间过多地共享关键词可能不是一个好主意,但是因为人类的一个认知可导致多种心理活动,且这些心理活动彼此间都高度关联(Le Doux,1989;Smith, 1986),有时很难将某一活动中的某一认知机能从另一活动中区分开来(LeDoux,1989;Plonsky & Gonulal, 2015),因此,本次研究主题中的某些关键词出现重叠也就不稀奇了。第三,虽然关键词在采访文本中出现的频率不一定是创建主题的指标,但客观频率可以用来规避研究人员在分析定性数据时的某些主观偏见(Miles & Huberman, 1994;Klassen et al., 2009)。因此,那些出现次数最多的关键词被归为候选主题。

在制订了初始主题集之后,笔者开始了主题关键词提取法的下一阶段,即对这些主题进行校正。为了形成主题"地图",对已定义的主题审核不仅要涉及关键词所对应的摘要层面,还需要触及整个数据集层面,以确保已定义的主题能够产生最佳实际意义。在这一过程中,笔者另外创建了一些子主题,以让

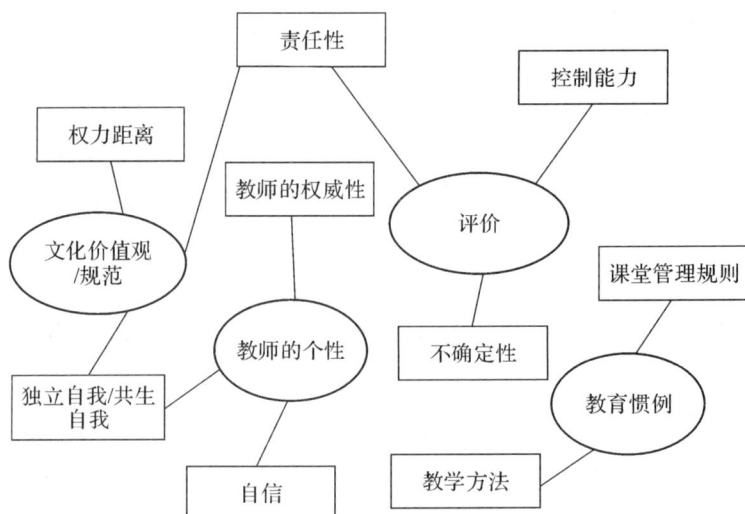

图 6.1　主题关键词分布

核心主题的结构更加细化(Braun & Clarke,2006)。至第 5 阶段,笔者对所有的主题都进行了明确和精炼,并给予了它们定义和命名。这些名称和定义不但展示了各个主题的精髓,同时也是整体定性数据的展示面。

第 6 阶段:写报告

这一步骤中,笔者选用了能够展现这些主题精髓的摘要,为读者们呈现本次研究所讲述"故事"的完整性。Braun 和 Clarke(2006)以及 Ryan 和 Bernard (2003)建议,定性报告应对目标文本进行挖掘,并使文本主题与研究问题相关联,而不是对数据简单描述。因此,本次报告不但展现了数据中的发现,同时还尝试对主题之间的联系或因果关系进行讨论,对两组受访者也进行了比较,从而完成了对数据中整个复杂故事的说明和验证。中国受访者的话语引用也翻译成了英文。为了尽可能最好地传达中国受访者的观点和感受,在翻译中,笔者同时采用了直译和意译两种方法。因 Van Nes 等(2010)认为,受访者叙述中的某些含义在翻译的过程中可能丢失,一些含有文化隐喻的信息也没法直接翻译为其他文字,所以,对翻译的验证是非常必要的。于是,我聘请了两位获得英语语言学硕士学位的中文母语者翻译了采访脚本引文中的 10 个小片段,这些片段都是随机抽取的。同时,还聘请了一名有汉语言文学学士学位的英语母语者对已翻译好的英文进行了反向翻译。随后,我又和翻译人员一起对这些翻译进行了比较和讨论,最后就文化相关术语或某些隐喻的翻译方式达成了一致。

在进行了主题分析的 6 个阶段之后，笔者最终完成了完整而明确的定性数据分析报告。而此报告的目的是对定量数据中的研究结果进行深入解读。

6.5　结　果

如之前提到的，本次访谈研究的目的是解答什么因素与中国教师和英国教师的情绪体验差异相关。下面，笔者将揭示本定性研究发掘出的主要因素有哪些。

6.5.1　导致教师主观情绪体验差异的因素

本部分旨在解释是什么因素致使中国教师在焦虑和羞愧情绪上的体验比英国教师更为强烈。笔者从访谈中发现了以下四个关键因素。

6.5.1.1　因素 1：情绪评价维度的多样性

笔者通过将理论回顾与定性结果相结合而创建出了几项主题，"情绪评价维度的多样性"就是其中之一。根据受访者们对访谈问题的回答，本研究总结出了 4 个情绪评价维度，分别为"新颖度""不确定性""责任划分"以及"控制/应对能力"。中国和英国教师对不同情绪评价维度的使用导致了他们在面对学生同一不当行为时产生不同的情绪体验。

新颖度

首先，可能引起中国教师焦虑的第一个情绪评价维度是教学环境的新颖度。新颖度会给教师带来文化冲击，会导致中国教师对眼前情形产生一些误解，然后最终导致他们产生消极情绪。焦虑和羞愧正属于这类消极情绪的典型代表。来自某孔子学院的 Xiaoxia 对此给出了详细的评论，她说道：

> 我主要是在大学授课，但我有一些同事在英国中小学任教。他们需要遵守很多规则，例如，不能拍摄学生的照片，不能与学生有身体接触，还有，若想在课上放映某些视频，要先让校长和班级导师看过这些视频，经他们批准，才可以播放等……
>
> 我曾经听过一些当地老师的课……我发现有经验的教师非常擅长课堂管理。若发现学生在课上聊天或玩手机，教师就会直接让这个学生离开教室，这样的话，他可以继续照顾课上其他学生。但是，对于中国教师来说，因为他并不是当地人，并且需要遵守很多规则，有时候他是想给学

生树立纪律……然而,说老实话,在我刚刚提到的那种状况中,我是不敢像英国教师那样做的,因为我担心这样会给我带来某些坏的影响,例如违背了某些规则,所以我的中国同事们有些也不会那么做。

某些英国教师也对此维度进行了评论。Frank 说道:

> 我不知道中国教师对于英国的教学环境是否感到新鲜。也许他们过去所受的教育和学习背景与我们的大相径庭,他们所上过的本科课程也可能完全不一样……我认为在异国高校任教的困难在于,教师可能无法参考在母语国念书时的学习经历。所以,若外籍教师不是在英国上的本科,未来他们在英国执教会给自己的情绪带来很大的挑战。

不确定性

第二个会导致中国和英国教师情绪体验差异的维度是不确定性。根据参与者们的观点,教师对这一维度的消极判断导致了焦虑情绪的产生。来自 Anjun 的回复突显了这一因素。

> 笔者:您的意思是因为他们(中国教师)不熟悉环境且因为母语不是英语,所以他们更可能感到焦虑吗?
>
> Anjun:是的,尤其是当课堂上发生一些意外状况时,他们不知道如何反应。比如说,若我看到我的学生上课迟到时,我不知道是应该微笑,说"没关系",让他们坐下,还是应该告诉他们"你下次最好不要迟到"。所以,我们对自己在英国教学环境中应该说什么和做什么更为谨慎。

另外,一名英国教师 Barbara 也提出了在陌生的异国环境中教学时的不确定性会触发教师焦虑的观点。

> 我的意思是,若你在一个之前从未待过的环境中教学,你真的会不知道学生会有什么行为,如何与他们互动,或学生会如何判断你的表现。焦虑来自担心自己会被别人判为不合格或异样的教师。

责任划分

随后,责任划分这一情绪评价维度似乎在引导中国教师和英国教师的不同情绪体验上也有着关键性作用,因为有 9 名教师在其访谈中都提到了关于这一维度的评价。根据定量结果,中国教师对焦虑和羞愧的感受强度远高于英国教师。导致这一差异的可能是他们在遭遇学生不当行为时责备的对象不同。某大学教授 Daniel 在他的访谈中明确指出了这一点:

所以我的猜测是它与谁是行为的负责人有关。若责任不在你,是学生故意的行为,那么他的行为只是会让你感到厌烦,你不会觉得自己要对它负责。若你觉得某种程度上是你自己的责任,那么你就可能对它感到更加焦虑。我们可以这么说,它可能是一个谁应被责备的问题,但因为你的母语文化背景,你会产生特定的价值观认知,这一问题就变成了谁觉得要为学生的捣乱行为负责任的问题。

进一步深入研究后,评价责任归属的两种不同倾向分别从中国组和英国组中被挖掘了出来。准确来说,基于中国参与者们的反馈,中国教师们更容易将学生的不当行为归咎给自己。他们会因学生的失败而责备自己。例如 Hanya 说道：

谈到焦虑,中国教师们倾向于将学生的成绩和自己的表现关联在一起。他们可能会想"是我在教授你们学习,若你们没有学好,有可能也有我的责任"。

相反,英国教师们不会将学生的不当行为归咎给自身,他们认为在课堂上表现差是学生的过错。这也是英国组的教师们的焦虑和羞愧体验强度没有那么高的原因。Clay 表明："我猜英国的教师不会认为这些事是他们的过错,是学生自己选择了课上讲话,所以是他们的错,我不会感到羞愧。"Barbara 的评论再次强化了这一点。她说：

……我不知道,我认为羞愧是某种非常个人化的情绪,我不知道别人会怎么认为,但我认为学生应对自己的教育负责。是他们自己选择了来听课……所以若他们在课上没有表现好,我认为这不是我的过错,而应该是他们的问题,他们应该学习如何遵守课堂纪律。

一些中国教师在他们的工作场所也感受到了中国教师和英国教师在失败归因上的差异。Yuli 反馈道：

我觉得我们中国教师倾向于将事情归咎给自身。例如,我每周五早上有一堂课,一共有 13 个学生选了这堂课,但通常只有 5—6 个学生会出席,有时甚至更少。我在这堂课上只是一个助教,在这一状况出现时,主讲师以及其他教学助理都会安慰我,让我不要自责。他们认为星期五是一周的最后一天,很多学生在这天很难早起。多次听取他们的意见之后,我开始想也许他们是对的,这一状况的产生是因为学生的懒惰,而不是我的原因。

控制/应对能力

最后一个可能导致中国教师和英国教师情绪体验差异的情绪评价维度是控制/应对能力。比如,中国教师 Xiaoxia 指出:

> ……可能是因为我个人认为课堂应该在我的控制之下,或者说我在来英国之前一直是这么认为的。但是,在我来到这里接受了一些培训之后,我意识到,在这里,作为一名教师,你不仅是一个控制者,还应该是可以促进课堂进展的助理、倾听者或激励者。所以我认为中国教师之所以感受到更多的焦虑,是因为他们认为状况超出了他们的控制能力。

这一评论强调,中国教师在判断学生不当行为时会更加注意控制/应对能力情绪评价维度,因而,当他们认为自己的控制能力不够时,就可能会产生消极情绪。

6.5.1.2 因素2:文化价值观

基于参与者们的反馈,这一主题对情绪体验带来的是更为宽泛的影响。例如,我问 Clay:"您认为为什么英国教师更倾向于将过错归咎给学生呢?"他的回复是:"我认为这来自某种文化差异。"在他之后,Albert 对文化可造成的影响给出了更多细节。他说道:

> 我不太确定这是不是原因之一:英国趋向为一种颇为个人主义的社会形态,而我认为中国的社会形态则可能是更加集体化或统一化的。这也就是为什么我倾向于说学生不认真学习实际上是自己的问题,不是我的问题。而在中国,我不知道,但我猜测,教师认为这主要与教师的教学能力与课堂控制能力有关。

中国教师针对文化差异对他们评价和感受的影响也提出了诸多观点。他们所强调的特定文化价值观之一是学生和教师之间应保持高的权力距离。Yuli 的评论说明了这一点:

> 在儒家思想的引导下,教师们被赋予了很高的社会形象……中国传统文化非常讲究尊师重道,这可能使得学生不敢当面向教师表达他们的不满。于是他们就用不当行为来表达他们的不满,相应的,教师们也会将这些学生的不当行为视为一种抗议和不满,所以,这些教师受他们在中国的经历的深刻影响,会将学生的不当行为归咎于自身。当他们看到英国学生不遵守纪律或行为不良时,他们会认为是因为学生不喜欢他们或不满意他们才这么做。

另一可能与此有关的价值观可能是在中国文化中"面子"的重要性。如在前面综述中提到的，这一词语所含的意义比较微妙，但它主要对应的还是尊重（对他人或对自己）。Anjun 和 Peilan 通过如下描述对"面子"的影响进行了解释。

> Anjun：谈到羞愧，是否可能是因为学生没有给你"面子（尊重）"？如我之前所讲，对于某些中国教师来说，他们认为因为不在自己的地盘上，所以无论做什么都会比英国教师焦虑。拿我作为例子，即使学生在我的课上遵守纪律，我也会感到焦虑，因为我还会担心自己是否表现得够好。这也许是因为中国人确实比较看重自己的"面子（公共形象）"。

> Peilan：为什么中国教师感到高度焦虑？我想可能是因为中国教师还保持着高度传统的尊敬教师的文化，而这一尊敬教师的文化却又是他们（英国学生）所缺失的，所以，因为这些，你知道的，想让英国学生像中国学生那样尊重教师就是一种"浪费时间"的事。对于中国教师来说，"尊重"是他们非常看重的。

6.5.1.3 因素 3：教师的个性

教师的个性在教师情绪生成过程中也扮演着关键的角色。教师所有的信仰、目标、对自身身份的看法都将影响他们的情绪体验。

子因素 1：教师的效能

首先需要说明的是，中国教师和英国教师对于教师责任的信仰并不相同。基于参与者们的反馈，中国教师对整个班级的责任感更高。如 Xiaoxia 提出：

> 我想这代表着中国教师的责任感更高。我们无法断定，但是若通过现象进行推断，可以提取出一种核心观点，那就是，中国的教师会认为："让班上所有的学生专心上课是我的责任，因此，若他们失去了上课的兴趣，那我会感到羞愧或焦虑。"

这一责任感也和中国教师关心他们学生的方式相关。Peilan 的评论凸显了这一点。

> 因为在英国大学学习的费用是高昂的，所以如果你没能学好，那将是一种耻辱，是对自己的时间和金钱的浪费。所以我为他们的父母而感到羞愧。这是我的真实感受。若他们在课堂上睡觉，我会感到羞愧，我会感到焦虑。

然而,许多英国教师都非常清楚地表示,是学生自己需要对他们在课堂上的行为负责。来自 Daniel 的评论印证了这一点。

> 因为他们已经是成年人了,所以他们真的应该对自己的行为负起责任了。因此,他们在课堂上行为不当应该由他们自己负责。所以,我认为学生那么做,应该是他们需要进行反思。我不会感到羞愧,应该感到羞愧的是他们。

由此,可以假设,教师对教学环境中责任归属问题的不同看法也是影响其感受的关键因素之一。此外,教师对自己管理班级的能力的判断也是焦虑和羞愧强度差异的重要影响因素之一。具体来说,中国教师和英国教师均说到自信心会影响他们的感受,而这一点通过访谈数据也得到了佐证(4 名中国教师提到了共 9 次)。中国教师之所以感到更加焦虑和羞愧,是因为他们的自信程度较低,而这一自信程度上的差异主要来自第二语言的熟练度。Hongda 提到:

> 当你的教学语言不是自己的母语而是第二语言时,可能就没有那么自信了。你因为知道自己无法达到母语者的标准,所以任何突发的学生不当行为都有可能引起自身恐慌。

随后,Anjun 的答复让笔者进一步了解了这一点,她说:

> 有时候会出现要求有更多言语沟通的状况,(发生这种情况时)学生会更多地使用日常用语,而不是学术类型的语言,不是你已经准备好的那种可以让你在讲台上侃侃而谈的语言,这样突然出现的沟通状况会让我感到不适。然而,作为一个中国人,我又真的非常关心自己在公共场合的"面子",所以我真的担心这种状况会抹黑自身形象,让学生们嘲笑我。

另一种可能降低中国教师自信的要素是他们对当地文化规范的不熟悉。Yuli 提到了这样的事情:

> ……可能是因为中国教师们不知道如何处理某些不礼貌行为。比如说,也许他们真的不喜欢学生不参与课堂活动,但是他们不知道如何正确地告诉英国学生,让他们停止那样做。也就是说,他们在区分中国和英国文化差异上不是很自信。

这种不熟悉规则的感受甚至可能引起中国教师的恐惧情绪,Anjun 在她的个人经历中提到了这一点:

我觉得中国的教师，比如说我认识的教师，多多少少都有点害怕学生。因为害怕学生，所以他们不敢或不愿意去纠正学生的不当行为，若学生在课上聊天，他们就会让学生聊，而不去管。我遇到许多这样的中国教师，他们认为这里不是自己的国家，又没有使用自己熟悉的母语教学，这些都让他们在教学时感到不安。这是我所注意到的。

作为对比，英国教师在自信度上的表现则较高。来自 Albert、Eric 和 Frank 的回复可验证这一推断。

Albert：关于学生上课抢话，我个人认为对我来说这不是一个大问题，因为……我长得够高够"丑"，这足以让某些人直接闭嘴。同时，我也会向学生暗示现在是我的讲话时间，若这个时候有人突然插嘴，我也有理由让他安静。

Eric：好吧，我认为在扮演教师角色的时候，你需要给自己套上权威的外衣。作为一个我这种年龄的白人男性教师，我毫不担心在学生面前展露自己的威严，其实学生心里也早已对我有这样的预期。

Frank：哦，我不认为英国教师会感到那么多羞愧。我认为相较于中国教师，英国教师拥有更多的"盲目"自信，哈哈。

另外，在这里不得不提到的是，所有提到"自信"的 5 名英国教师均为白人男性，在英国教学的平均年限为 15.6 年。而提到"不自信"原因的 4 名中国教师的平均教学年限只有 5.75 年。由此，可以假设，英国教师的高度自信来自其个人形象和长时间教学的经验。一部分中国教师的评论或可支持这种假设。例如，Hongda 说道：

当然，对于经验丰富的教师或英语非常棒的教师来说，学生的不当行为可能并不是问题。但对于年轻讲师而言，比如研究生助教，某些学生的不当行为会形成相当大的冲击。

子因素 2：教师身份

根据受访者的观点，情绪差异还有可能来自教师对自己身份的不同看法。具体而言，中国教师倾向于将自己视为学生的榜样，这可能是因为他们受到古老的哲学思想——儒家思想的影响，儒家思想认为教师在社会中是品行端正的榜样人物。Cuifu 的看法强调了这一点：

我认为，我们在中国担任教师，承担了很多责任。中国古代哲学家的文章很多都强调教师是人类社会的道德和伦理榜样。

受到这种文化价值观的影响,中国教师更关注其作为公众人物的一面。Xiaoxia 提出:

> 我确实非常关心自己在课堂上的形象。若一些人来听你的课,而你又无法控制学生,这时,你就会感到羞愧,您能想象这种情境吗?大众认为教师应该有能力吸引学生,并让学生保持注意力集中,若一名学生在你的课堂上睡觉,你会失去你作为一名教师的"面子"。

这种在教学情境中教师对自己身份的认知或许可以解释前面提到的一点,即为什么中国教师会如此在意自己的"面子"。

但是英国教师对教师在英国大学中的角色有着不同看法。首先,Daniel 明确指出,大学讲师不是中小学校的老师,教学对象不是必须来上课的,他提到:"在大学中,你的授课对象是选择来上这门课的人群,这就是区别。他们可以选择不参加你的讲座、你的研讨会、你的辅导课。"这种区别使教师的角色发生转变。作为一名大学教师,Daniel 认为:"我不认为我在踏入教室时必须表现得严厉一点,他们才会遵守纪律。"因为英国人对教师角色的看法与中国人不同,所以英国教师心理上承担的责任与中国教师也不同。

另外,Eric 提出教师还扮演另一角色。他认为,教师是一名演员,当教师开始教学时,他们就开始扮演教师这一角色。他说:"我的妻子是一名中小学教师,也是一名戏剧教师。她很早就认为,教学实际上就是一场表演。有一种角色叫教师,而你正在扮演教师的角色。"他认为这一想法能帮助他在课堂上保持自信,这是因为:

> 学生希望你扮演教师这一角色,当你这么做的时候,几乎所有的事情都会往好的方向发展。若学生觉得你不认为自己是一名教师,他们会感受到你的不自信……所以,即使那天我在上课的时候感到很厌烦,我还是会告诉自己,你现在正在舞台上,就是这样,开始扮演这个角色。因此,在走入教室前,你可以进行几次深呼吸,我认为在数分钟内,你基本上可进入角色。

从他的评论中可以推断,他对教师身份的认知有助于他不把教学的成败与个人情感联系起来。

6.5.1.4 因素4:教育体系的惯例

在访谈中,受访者提及中国与英国在教育文化上的差异,即对教师教学情况的评估方法的差异。Yuli 指出,在中国的基础教育阶段,学生通常没有机会对教师的教学情况提出直接的反馈意见。在这种情况下，如果学生对某个老师不满意，他们会用间接的方式，例如在课堂上捣乱，来表达对这个老师的不满。她还表示："我们读大学那会儿，学校没有制订教师教学打分体系；因此，我们确实没有正确的渠道表达对教师绩效的看法。"同时她还比较了中英两个国家的情况：

> 英国的大学确实重视学生的反馈意见，因此若学生对教师的教学工作有任何想法或不满，他们可利用评分制度，向这名教师提出反馈意见，不论这名教师来自哪里。

两国教师绩效评估制度的不同可能会造成教师对学生课堂不文明行为的不同理解。英国教师 Barbara 也支持这一观点：

> 我不了解中国教师的教学环境。我不知道管理学生的课堂行为是否是他们工作的一个重要组成部分，抑或是他们被要求对学生的课堂表现负责。但我想他们感到焦虑是因为……我不确定，我猜会不会是在中国，教师会因为学生在自己课堂上的行为而得到他人的表扬或批评。

此因素说明了中国教师是从个人角度看待学生的不当行为的。按照其在中国的教学经验，学生表现差是学生对教师表达不满的方式，所以当他们来到英国教书后，他们在理解英国学生的课堂行为时会受到这种思想的影响，从而产生与本土教师不同的感受。

6.5.2 教师在真实环境中的个人情绪体验

访谈的最后一部分调查了教师的个人情绪体验，以全面了解中英教师在课堂上的真实情绪。访谈问题首先询问了教师在课堂上遇到的印象最深的学生行为，及其产生的相应感受；然后笔者尝试描绘中英教师在英国教学的整体感受。

令人印象深刻的环境诱因类型

在分析了全部 13 名受访者的回答后，笔者发现，相较于英国教师，中国教师在回忆令人印象深刻的环境诱因时，更倾向于回想起负面的情绪经历。研究人员在比较中英教师首先提及的情境后，发现中国教师第一个提及的情境均为学生的不文明行为，而英国教师则提出了 4 种积极的学生行为和 2 种消极的学生行为。

此外，学生不积极、不参与课堂的行为普遍会对中国教师的情绪体验产生影响，因为 7 名中国教师中的 4 名（Anjun、Hanya、Peilan 和 Cuifu）都表示这些行为是令他们印象最深刻的学生课堂行为。这些行为诱发出的相关感受是无望、焦虑、不愉快和失望。Peilan的以下回答可证明这一点：

> 一个例子是有个学生来参加我主持的研讨会，她是我自己指导的学生之一，她迟到了，但是在进来坐下后，她没有记笔记或者参与研讨。她不说话，也不参与讨论，她的心思基本不在这里；在中间休息后，她又回来了，但开始在会上打电话，我对此感到不愉快。

相比之下，更令英国教师难忘的学生行为是学生在课上取得成就，因为6名英国教师中的3名（Barbara、Eric和Frank）将此报告为其最难忘的情境，并且表示对此情境感到愉快、惊喜和自豪。以Barbara的观点为例：

> 部分中国学生刚开始在做报告时缺少自信，但是有一些学生在这些年的学习中获得了成长，他们后来在做报告时表现得非常自信，非常优秀，我由衷地为他们感到高兴。

积极和消极情绪

整体而言，参与访谈研究的多数教师都喜欢教书这项工作。4名中国教师和4名英国教师表示在从事教学工作时会感到愉悦。Barbara和Hanya的观点是对这一结论的重要支撑。

> Barbara：整体来说，教书非常令人愉悦。我的教学领域是我感兴趣的领域，我也非常了解量子学领域，并且喜欢和学生分享，有时候我们能在课堂上进行很好的讨论，学生基本能知道他们的学习目的和结果如何，我认为这非常令人愉快。

> Hanya：我非常享受教书的过程，并且感到满意。学生不断学习新知识，我在看到他们取得进步时，会有一种满足感。我觉得自己为传播人类知识发挥了重要作用。

2名英国教师和1名中国教师表示他们对教书的感受十分复杂。例如，Eric表示：

> 这更多地取决于我的情绪。因此，通常在按计划开始教学前，我会"呼……（叹气）"，特别是如果我是第一次见这个班级的学生。在开课前的2—3分钟，[我会觉得]略有点紧张，我会担心在看到这些新同学时，事情是否会进展顺利。在这之后，我的心态通常会变得积极向上。

最后，笔者想强调定性数据中值得注意的观点，即一名中国教师表示在课

堂上感到脆弱:

> 因为我认为我是政治系唯一的中国籍 PGWT,其他人都是英国本地人,所以我一直会花费很长时间准备一堂课。我认为因为我阅读很慢,所以我需要全心全意地做准备。此外,我尽最大努力在课堂上取悦学生,让他们喜欢我,因为我感到非常孤独,掌控他们的力量也很弱。我听说某些其他 PGWT 敢在课堂上与学生吵架,但是对我来说,若学生不同意我的观点,我会说"这个想法很好",我不会和他们进行争论。

这个观点反映出,在英国教学工作中,国际教师真的需要得到更多帮助,以便理解英国教学环境。

6.6　讨　论

本研究旨在调查第三个子研究问题:哪些因素与中英教师情绪体验的差异有关?

为回答这一问题,研究人员开展了半结构式访谈,调查参与者如何看待影响内国教师情绪体验差异的因素。笔者使用主题分析方法,从受访者的回答中推演出对教师看法和情绪体验影响较大的四个主要因素。这四个主要因素分别是情绪评价维度差异、教师个性、文化价值观以及教育体系的惯例。接下来,笔者将基于前人理论来尝试解释和讨论定性研究数据。

6.6.1　影响教师主观情绪体验的主要因素

从数据中,我们可以看出这四个因素中的前三个对于教师情绪体验的影响程度更深、更广,因此笔者将主要讨论情绪评价维度差异、教师个性和文化价值观对中英教师情绪体验差异产生过程的影响。

6.6.1.1　情绪评价维度差异

除 2.1.2.2 中提出的五个情绪评价维度(目标、确定性、能动性/责任划分、应对/控制潜能、价值观/道德准则)外,本研究还发现新奇性维度(Scherer,1984)也是重要的教师情绪体验评判维度之一。虽然 Lazarus(1991)并未在其初级和高级情绪评价框架内强调这一维度,致使综述也忽视了这一维度,但是受访者在访谈中的回答引起了笔者的注意。根据受访者的观点,对于在国外教书的中国老师而言,外国教学环境中的课程内容和当地文化价值观都是新颖的,这种新颖度增加了其教学的不确定性。而且不确定性程度越高,中国教师在教学过程中会越担心,因此他们的焦虑或压力水平会普遍高于英国教师。这一调查结果与 Klassen 等(2009)的研究结果相似。他们在其访谈研究中也发现教师感受的不确定性与其压力有关。

就高级评价而言,对能动性/责任划分和应对/控制潜能维度的评价对中英教师情感体验差异的产生起着决定性的作用。准确地说,当人们看到与个人目标有关但与目标不一致的情境出现时(例如学生在课堂上表现不端),可能会产生多种负面情绪,在细化这些情绪时,人们对能动性/责任划分维度的判断是具体情绪产生的分水岭。在本研究中,在面对与目标不一致的情境时,中国教师倾向于将责任归咎于自己,而英国教师则倾向于责怪他人。根据Lazarus(1991,2001)、Scherer(1984,1993,1999)的观点,若一个人在面对出现错误的情境时将错误产生的原因归咎给自己,那么他很容易感到羞愧,这一观点得到了调查问卷研究结果的支持。中国教师的羞愧感确实比英国教师更强烈。针对另一情绪评价维度(应对/控制潜能维度),中英教师有着不同的看法。根据调查结果,中国教师比英国教师更想要控制课堂。换言之,他们对自己达到一定的教学效果有很高的期望。根据 Pekrun 等(2007)提出的控制力-价值观理论,若一个人非常希望达成某种活动结果,那么他的情绪(例如焦虑)会受到自己对结果的预期的影响。因此,若教师非常希望取得某种成果,但是他又认为他对局面的控制力弱,事实难以达到他预期的结果,那么在此情况下他就很容易感到焦虑。这是目前笔者对此研究结果的解释。接下来笔者将要讨论的一个主题——教师个性——也许可以在某种程度上说明中国教师对自己的课堂控制能力信心不足的原因。

6.6.1.2 教师个性

本主题揭示了教师效能感是导致中英教师情绪体验差异的重要因素之一。正如 6.5.2 所述,中国教师普遍感到不自信,这使他们更容易感到焦虑,并在看到学生的课上捣乱行为后倾向于责怪自己。相比之下,多名英国教师表示他们对管理课堂比较有信心,综合这些教师的背景信息,笔者提出了一个假设,即白人男性这个身份可帮助教师在英国教学环境中获得自信。这一假设与 Alberts 等(2010)的研究结果一致。他们提及,在美国,白人男性教师认为自己能更好地"控制"学生。

另外,根据访谈结果,中国教师缺乏自信的原因大致有两个。第一个是中国教师的英语精通程度。在英国工作的中国教师必须使用英语教学,而英语是他们的第二语言。因此,数名中国受访者指出英语水平不足会大大拉低其教学水平，导致其在课堂上缺少自信。这一调查结果与 Llurda(2004)在其研究中提及的问题相呼应。Llurda(2004)指出，当非英语母语教师使用英语教学时，他们容易受到其母语和母语国文化的影响。因此，人们若按照母语教师标准评判非母语教师的教学水平就会有失公允，并且这些评估标准很明显会让非母语教师在教学时感受到额外的压力。第二个造成中国教师不自信的原因是中国教师不熟悉当地课堂管理的原则、习惯，以及一些社会准则。正如 Yuli 和 Anjun 在访谈中的回答，因为国际教师不确定本土教师所遵循的习惯是否也是他们可以遵循的，特别是，学校有时针对兼职或临时教师会制定和全职教师不同的规则(参见 Association of Teachers and Lecturers，2014)，所以一部分中国教师不敢采取英国教师维持课堂秩序的课堂管理策略。此外，中国教师没有自信制止学生在课堂上的不当行为，可能是因为他们不确定在新的教学环境中制止这种行为是否合时宜。因为他们注意到两国的社会准则有所不同，所以他们为了适应新的文化环境，会非常谨慎地遵守本地的行为传统。本研究的受访者提出的困惑与 Hofstede (1986)在其研究中提出的问题一致。

6.6.1.3　文化价值观

正如前文所述，文化规范或者价值观会影响教师对情境和其文化适应能力的判断。因此，本节将说明哪些关键因素会影响文化价值观这一情绪评价维度。根据定性结果，中国教师感受到的羞愧感比英国教师更强烈的原因是，中国教师倾向于将学生在课堂上的不当行为归咎于自己。一个新的问题继而产生了：中国教师为什么会愿意将学生的过错归咎于自己呢？基于受访者的回答，笔者总结出个人主义/集体主义的文化价值观是影响教师对能动性/责任划分维度评判的重要因素。此观点可用 Kitayama 等(2000)提出的文化情绪模型进行解释。该文化情绪模型指出，若一个人的成长环境的文化重视集体主义，那么这个人在社交时就倾向于产生社会融入性情绪(包括尊重和羞愧感)。因为集体主义社会非常看重人的相互依存性，这是指导人们进行社会交往的原则，并且接受这种文化价值观的人非常倾向于形成相互依赖型的身份，即他们会根据群体其他成员的反应定义自己。图 2.4 显示出中国具有较高的集体主义价值观分值。因此在本研究中，受到相互依赖型身份和集体主义文化背景的影响，中国教师倾向于将学生的不当行为与自身价值联系起来，更容易感到羞愧。这一结果与 Kitayama 等(2006)的研究结果一致。他们在比较日本和美国学生的 14 天日记内容后，发现当面临负面情境时，日本学生表现出的社会融入性情绪更为强烈，而美国学生表现出的社会脱离性情绪则强于日本学生。

另外,中国教师表示,受到儒家思想的影响,他们不仅将自己视为老师,还认为自己是学生的榜样。但是英国教师清楚地表示,他们在教导学生时的身份只是老师,他们认为教书仅仅是一份工作,因此在工作时不应产生过多的个人情感。这一调查结果深刻反映出 Schutz 等(2007)的观点,即教师对其课堂形象的某些特定想法会促使自己产生某种特定情绪。

6.6.2 教师在真实教学环境中的情绪体验

正如 6.5 所述,中国教师首先想到的印象最深刻的情绪体验都是负面情绪,尤其是一名中国女性教师表示其在教学过程中觉得自己很脆弱。这一结果印证了 Alberts 等(2010)的研究,他们的研究指出,在教学能力方面,国际教师是弱势群体,因为他们管理本土学生的力量动态更低。在研究教师在真实教学环境中的情绪体验后得出的结果反映出中国教师在英国教学环境中工作确实有更大的压力,并且他们的情绪健康程度不如英国教师。

6.7 结 论

总而言之,本访谈研究发现,中英教师在情绪评价维度、文化价值观、个性,以及他们过去所接受的教育惯例上的差异会造成他们情绪体验上的差异。根据受访者的回答逻辑,笔者总结出了在跨文化教学情境中国际教师自下而上的情绪产生过程模型(图 6.2)。

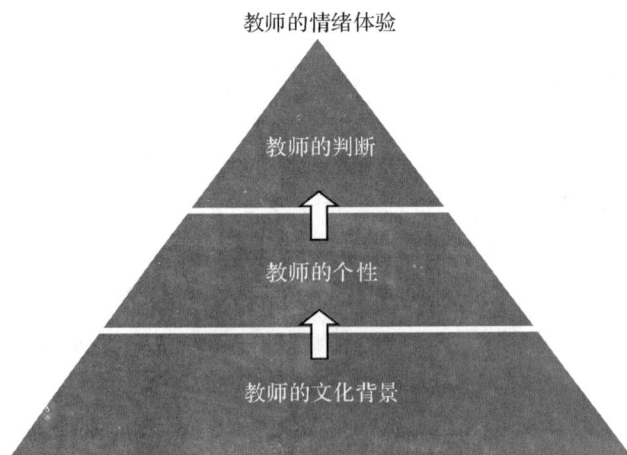

图 6.2 国际教师情绪产生过程模型

　　如图 6.2 所示,首先,教师对特定情绪评价维度的判断直接引发特定的情绪。例如,若教师将学生的不当行为归咎于自己,他就会感到羞愧,要不然就是愤怒。其次,教师个性,包括教师对控制能力和身份的看法,又影响着他们对每一维度的评价。最后,教师的成长环境和文化背景又影响着他们的个人特性。至此我们可以看出教师的判断、个性与文化背景这三方面因素环环相扣,层层递进,为我们揭示出国际教师的情绪体验产生的原因和过程。

第7章 整体讨论和研究价值

7.1 对定量和定性调查结果的整体讨论

本节旨在从情绪成分角度讨论中英教师情绪诱因、情绪评价维度和主观体验的不同点。

首先,问卷调查研究的核心发现是,在面对学生的课堂不当行为时,中国教师的焦虑和羞愧情绪比英国教师更强烈。其次,日记追踪研究结果证明了此调查结果。一般而言,参与研究的中国教师长期表现出更强烈的焦虑情绪。最后,访谈研究发现中英教师在几个特定情绪评价维度上的差异是产生这些不同的原因。第一,中国教师非常不确定其是否有能力管理课堂。这种不确定性使得他们容易在课堂上感到焦虑。第二,中国教师倾向于从个人角度看待学生的不当行为,将学生的过错归咎于自身,因此,他们产生的羞愧感比英国教师更强烈;英国教师通常会责怪学生自己。而且,根据 Yuli、Albert 和 Daniel 的回答,这种责任的划分受到教师个性的影响。从个性角度来说,一个主要影响因素是教师效能。正如 Anjun、Yuli 和 Hongda 所述,中国教师的第二语言能力会严重削弱中国教师的自信,使其在无法立即回答学生提出的具有挑战性的问题时容易感到羞愧。另一因素是教师对其教师身份的看法。受到儒家思想的影响,中国教师倾向于认为自己是学生的道德榜样。因此,他们对自己的表现有很高的期望。但是异国的教学情境会使他们面临很多意外情况,有些会有损其榜样的形象,因此,他们产生的羞愧感要强于英国教师,而英国教师认为教学仅是他们的职业,他们不会过分在意学生是如何看待自己个人形象的。

6.6 总结的自下而上的情绪产生过程说明了本研究中教师情绪体验产生的因果关系,而 2.1.3.2 提到的生成过程也印证了这一点。教师情绪体验(例如图 2.3 的核心情感)的直接决定因素是特定情绪评价维度,教师如何在情绪评价维度上做出判断是受到教师自身个性的影响的,而教师的自身个性的形成则最终会受到母语国社会准则或文化价值观的影响。

7.2 研究价值

7.2.1 在教育心理学领域里的价值

首先,本研究揭示出的结果填补了先前国际教师情绪探索研究的空缺之处,让教育学领域的专家学者们对这一群体的情绪体验有了初步的了解和掌握。定量研究调查结果反映出焦虑和羞愧情绪是困扰中国教师的负面情绪。这一详细的调查结果可帮助相关学者探索哪些负面情绪会对在不同文化背景中工作的教师的情绪健康产生重大影响。学者们在尝试研究跨文化教学环境中教师的情绪管理时可参考本调查的定性研究结果。

其次,访谈研究的调查结果还发现了影响教师对学生捣乱行为的看法的一些因素。中国参与者表示,他们不熟悉本土规则和第二语言能力有限让他们没有信心控制学生的捣乱行为。因此,他们的情绪更多地受到这类不当行为的消极影响。这一调查结果表明,教师自身的效能和对自己掌控能力的看法会显著影响其对课堂管理的看法。在分析中英参与者的背景信息后,笔者还发现性别和教学经验等数个因素可被视为潜在影响因素,会影响教师对其能否控制学生捣乱行为的判断。这些研究成果均可对教师自我效能相关领域的研究起到支撑作用。

再次,正如许多教育心理学家所强调的(Maslach et al.,2001;Chang,2009;Klassen & Chiu,2011),教师情绪会对其职业决定和精神健康产生重大影响。本研究揭示出了中国教师在英国课堂教学时面临的情绪困境。笔者总结定性数据得出,中国教师有限的英语能力、他们所受到的文化冲击以及对本土教学规则的不熟悉,使他们在精神上承担了更多压力,这些因素都会影响其教学效果。教师的情绪疲惫是削弱其工作满意度的最大因素,而中国教师在本次研究期间提出的全部困难均会加剧其情绪疲惫。本研究结果揭示出了学界关注国际教师情绪健康状态和工作满意度的迫切性,并且为未来的相关研究打下了一定基础。

7.2.2 在跨文化心理学领域里的价值

本研究总结出的国际教师情绪产生过程模型（见图 6.2）揭示了文化规范/价值观对教师观点及其感受的影响，它细化了文化如何影响个体情绪体验的心理学机制。

本研究的结果证实了使用情绪评价理论探究跨文化情绪体验的有效性，并提出了更为详细的评价模式，用以解释中英教师的情绪产生过程。未来其他研究可使用本研究所发掘的国际教师情绪产生过程模型，来更好地探寻这一群体的情绪体验与健康。另外，本研究得出的调查结果还显示成就情绪和控制力价值观理论可用于调查教师在课堂环境中的情绪体验，并且 AEQ 应添加失望和厌烦等其他情绪，以便研究教师情绪。

研究结果也间接佐证了 Kitayama 等（2000）提出的文化情绪模型的稳固性，并且在探究文化对教师情绪的影响时成功地将此模型引入到了教育实践层面。

7.2.3 教育实践价值

首先，以本研究参与者为代表的群体直接受益于本研究的研究结果。准确地说，定量研究结果有助于帮助在不同文化背景中工作的中国教师了解哪些负面情绪会对其情绪健康程度产生重大影响。其次，本研究的定性调查结果发现了中国教师在管理英国大学课堂时可能遇到的困难，那么未来有意在英国工作的中国教师可从调查结果中吸取经验教训，并准备好应对新教学环境中的潜在挑战。

本研究还会对教育实践产生其他影响。本研究发现了会影响中国教师的情绪体验的因素，这些结果可为相关决策机构提供参考信息，用于优化国际教师培训计划，特别是优化面向中国教师的培训计划。现有的调查结果可能会在以下几个维度对师资培训计划产生影响。首先，用人机构会为母语非英语的国际教师提供全面的语言能力培训，说明在本土教育环境中会发生的更真实的对话场景。其次，本土机构的培训讲师对学生课堂行为进行分类，并向国际教师说明在课堂上可能出现的学生表现，以及哪些学生行为是绝对不可以接受的，从而减少国际教师在面对新教学环境时产生的不确定性。再次，机构还会安排国际教师在文化方面做好准备，让他们知晓英国师生在哪些方面达成共识，并帮助国际教师更准确地理解学生的反应，在英国课堂中找到更适合自己的角色。最后，招聘人员应清晰地列出课堂管理规则，同时向国际教师告知在面对学生的课堂不文明行为时,教师做出的哪些反应是普遍可接受的。

目前的研究结果也揭示了在英国高等教育教学有效性方面存在的一些问题。根据英国教师在访谈研究中的回答,英国大学教师对学生的课堂学习成果的关注度略有不足。一些受访者指出,在他们参与的高校教师培训过程中,培训人员告诉他们大学生是成年人,教师无须过多地关注他们的课堂行为,并且无须对学生因自身行为导致学习失败的结果负责。本研究揭示的这种现象应当引起英国高等教育政策制定者的注意。他们需要思考高校教师过分忽视学生的学习行为是否会影响高校学生的培养质量。

此外,本研究的结果表明,以视频场景为环境诱因,可有效测量参与者的情绪体验,激发他们的感受。与使用文字作为诱因相比,使用可视化的行为场景可提高参与者反馈的情绪体验的有效性,因为这种方法可避免不同读者对文字不同的场景想象。在未来的研究中,研究人员可考虑大范围使用虚拟现实技术触发人们的心理反应。

7.3 研究的局限性

7.3.1 理论框架的限制

正如 3.1 所述,本研究在探究教师的情绪体验时使用的是转换范式的本体论和认识论立场,研究方法则采用了后实证主义的定量法与解释主义的定性法相结合的研究方法。

另一个限制是参与者的身份或观点可能会受到刻板印象的干扰。根据转换范式的使用限制条件(参见 3.1.5),研究人员会给研究样本强加某种特征。以本研究为例,一名参与者在填写调查问卷后联系笔者,并表示,虽然他是英国白人,但是他出生在中国并且在中国度过了整个童年期,因此他认为他的文化背景是中国文化。这类反馈信息表明笔者的研究结果所揭示的现实受限于笔者赋予文化群体的定义。

另外,本研究使用解释性顺序设计测试预先设定的假设。本研究设计仅能非常有限地反映出教师情绪体验的全貌,因为教师在真实教学环境中经历的积极情绪远超负面情绪。但是负面情绪会引起麻烦并使教师筋疲力尽。因此,本研究的主要目标仍非常有意义。

此外,使用混合方法范式下的解释性顺序设计对研究人员的科研水平能力要求较高。因此,本研究中的问卷调查、日记追踪研究和访谈研究的设计、实施、数据分析和整合过程都受到了研究者对该框架的理解的限制。另外,对于像笔者这样的个人研究者来说,使用混合方法来做研究的过程也是非常耗时耗力的。

7.3.2　方法论设计的限制

本研究使用的某些方法论设计、研究工具和分析方法会产生某些限制。

当笔者使用解释性顺序设计[首次采用现有问卷(AEQ)]研究目标样本时,笔者可能忽视了教师在研究环境中可能产生的其他负面情绪。虽然文献综述中已清楚地说明了使用 AEQ 的原因,但是本调查问卷的限制也非常明显。首先,笔者仅依据学生的情绪体验编制了 AEQ。虽然先前的实证研究也使用 AEQ 调查教师的情绪体验(Frenzel at al.,2009b),但是 AEQ 也无法准确说明教师在教学过程中产生的情绪。其次,AEQ 仅关注并调查与成就有关的情绪,因此无法反映出教师在课堂环境中可能产生的其他情绪。

在数据收集过程中,笔者还发现即使是精心设计的工具仍存在某些缺陷。首先,因为调查问卷使用线上方式生成数据,那么互联网访问权限受限的教师就无法参加此研究。其次,根据教师的调查问卷反馈,某些移动设备无法打开视频,致使教师无法观看场景,因此,教师使用的设备也会影响回复率。最后,部分参与者提出,视频片段中的英语口语不是英式英语,这种场景可能使得英国教师的代入感不足。

另外,本研究样本可能也会限制研究结果的普遍适用性。具体来说,中英参与者的年龄和教学时长存在很大差异;因此,他们可代表的文化群体人数受限于其年龄和教龄。虽然子研究一研究样本量($n=99$)大小符合主要研究目的,但是每个子组群的样本量有限,造成无法完成多种推断统计分析来发掘亚群体内部的差异(例如经验丰富的中国教师或经验丰富的英国教师的差异)。

7.3.3　经费和时间的限制

本研究的经费预算和时间有限,造成本研究面临多种限制。研究样本的数量和多样性受到了研究人员所持经费的影响。更准确地说,因为笔者是一名自筹经费的研究人员,所以笔者在数据收集过程中的预算有限。首先,有限的资金造成笔者难以亲自到访英国境内的研究场所(例如各大学或者孔子学院),因此,笔者难以说服更多目标研究人群,使他们更全面地认识到本研究的重要性。其次,由于笔者的研究预算有限,笔者无法向参与者提供奖励或者其他激励奖金来鼓励他们长期参与本研究,这也可能是日记追踪研究参与者退出率高的原因之一。

由于本人的研究时长有限制,无法开展第三轮或者第四轮的数据收集工作,这一限制造成样本量难以扩大。此外,本研究的原始设计本包括调查在中国大学工作的英国教师,以及比较他们和本土中国教师的情绪体验。但是对笔者而言,同时研究中英两个教学环境的时间和资金成本过大。因此,本研究仅关注、调查了英国教学环境下中英教师的情绪体验。

7.3.4　伦理考量的限制

在问卷研究中,笔者会在调查问卷的结尾处询问参与者是否有意加入后续的日记追踪研究和访谈研究,并请有意参与的人留下联系方式,这可能影响了隐私性。虽然在线调查网站 Qualtrics 单独反馈每一部分的参与者回答,但是在导出 SPSS 数据时,研究人员还是可追溯留下联系方式的参与者们的回答。为避免这种风险,笔者从原始数据集中剪切出受访者的联系信息,并复制到新的单独的数据文本中,以此保护参与者的隐私性。

7.4　对未来研究和实践的指导意义

在结合定量和定性研究结果后,本研究确定了未来可能的研究方向和实践建议。

7.4.1　未来的教育心理学相关研究

本研究结果可能会激发多种教育心理学研究。首先,本课题研究的参与者提及他们在教学时会面对不同的学生文化群体,并且当面对的学生来自其不熟悉的文化背景时,他们上课时可能会产生不一样的感受。因此,未来的研究人员可研究教师在面对有着不同文化背景的学生的捣乱行为时,产生的情绪反应是否相同。

另外,对于不同教师对学生课堂捣乱行为做出的不同反应,未来诸多研究可进行深入挖掘。首先,本研究揭示出教师对自身能力的认知和自我效能感可能会严重影响其对学生不当行为的评判,因此,新研究可设计研究教师个性在多大程度上会影响他们管理课堂的能力。研究人员可通过调查教师自认为其拥有的特征(包括自我效能感和教学能力)和他们反馈的学生课堂不当行为来开展本研究。或者,未来的研究者可使用观察法来衡量学生的课堂捣乱行为。研究人员还可从学生的角度衡量教师的教学效果和能力,来探寻教师的个人教学效果与学生在课堂上发生的捣乱行为的频率之间的相关性。针对上述提及的研究,教师和学生的性别与师生关系的质量都可作为变量被分析和对比,这些变量都可能会影响教师自我效能感在课堂管理中的发挥。

其次,本研究未包括研究教师的情绪表达。因此,未来的研究人员可从学生的视角研究教师的情绪展现。具体而言,研究人员可要求同一组学生反馈不同教师在给他们授课时表达出的情绪,从而了解不同文化背景的教师是否会对这组学生的课堂行为做出不同的情绪反应。

再次,未来的研究可从不同角度调查本研究中提出的多个假设。不论未来研究得出的结果是否与本研究得出的结果类似,它都会是个有趣的项目,可以让教育心理学家从新的角度探索文化、教师情绪和学生课堂行为间的关系。

最后,本研究还发现中国教师在英国课堂教学时面临情绪难题。有限的第二语言能力、文化冲击和对本土职业规则的不熟悉都是产生这些情绪难题的原因。因此,未来的研究可以深挖这些因素是如何损害中国教师的自我效能感并使其面临巨大心理压力的。这类研究可使用更多的定性研究方法来实现研究目的。

此外,可根据本研究调查结果开展的另一项研究,是调查情绪评价维度在解释或区分教师单个情绪体验中所起的作用。本研究列出了五个维度,用于解释中英教师情绪体验的差异。未来可开展与 Smith 和 Ellsworth (1985) 的研究类似的实证研究,使用定性研究方法(例如情绪体验的回顾性叙述报告),调查参与者在情绪产生过程中使用的情绪评价维度,并进一步明确每一特定维度在哪一阶段发挥怎样的具体作用。

7.4.2 未来的跨文化心理学相关研究

由于 7.3.3 提及的限制条件,本研究无法调查中国教学环境下的中英教师课堂情绪体验,因此,未来研究可关注在中国工作的英国教师的情绪,调查在中国教学环境中中英教师的情绪是否存在不同,并且可提出一系列相关的调查问题。例如,在中国环境中是否能得出与本研究类似的调查结果?英国教师在不同文化背景的教学环境中产生的负面情绪是否强于在本研究中产生的负面情绪?在开展这类研究时,可运用本研究使用的类似的方法论设计和研究工具。两种研究结果的对比也会更有意义。但是,研究人员需注意的是本研究使用的视频行为场景展现的是西方教学环境,若研究外籍教师在中国的情绪体验,则需要展示中国课堂环境。未来研究需解决的另一问题是,在招募访谈研究的受访者时,不能要求受访者在调查问卷的结尾处留下联系方式,而应让有意愿的参与者单独向研究人员发送电子邮件,表达其参加后续研究的兴趣,并提供详细的联系方式。

另外,本研究揭示了中国教师的焦虑和羞愧感强于英国教师。根据这些研究结果提出的另一研究问题是:这些结果是否普遍适用于其他文化群体的国际教师?例如在英国大学工作的法国、日本或加拿大教师?基于这些问题的研究可直接使用本研究的研究工具,因为这些研究调查的都是在英国教学环境中的国际教师的情绪。

7.4.3　对实践的指导

根据本研究的调查结果,笔者建议相关部门采取数项实际措施来提高对国际教师情感健康和心理健康的关注。首先,教师培训计划的组织者应设计以国际教师为培训对象的特定培训课程。这些课程的内容可包括:教学专业语言的培训;应对教学环境中的文化冲击的培训;国际教师自信心构建的培训。本研究结果还建议英国高校考虑修改部分大学的教学政策,因为数名参与者提及了高校教师关心大学生学习行为的重要性。为提高大学教师对成年学生的关心程度,大学应增加更多的相关培训内容或者提高对此问题的重视程度。

另外,研究结果还建议国际教师应更关心自身的心理健康,这些教师可自发组织疑难解答研讨会。在研讨会上,不同文化群体的教师可分享他们在教学过程中遇到的问题,个人可尝试为每一个问题提供反馈信息和解决方案,并接收组内其他人对这些问题提出的反馈和解决方案。英国大学师资培育政策制定者也可与这部分教师群体开展小范围交流,以帮助他们更好地理解其在英国大学中的专业角色。

7.5　笔者对数据收集过程的思考

本研究是笔者耗费近五年时间坚持研究和努力工作的成果。笔者在研究过程中遇到的最大挑战之一是收集自然数据。在数据收集过程中,笔者遇到了许多意料之内和之外的困难与阻碍。因此,笔者想在本节中反思和分析开展本研究的历程。希望笔者的经历能为未来的研究人员提供些许启示,并帮助他们更好地使用自然的方式收集数据。

7.5.1　在收集问卷数据期间遇到的困难

笔者于 2015 年 10 月开始收集调查问卷研究的数据,遇到的第一个阻碍是联系孔子学院的中国教师。早在 2014 年的 9 月,笔者在利兹大学孔子学院举办的活动中,与中国驻曼彻斯特总领事馆副领事进行交谈并取得副领事的联系方式。因此,在数据收集工作的一开始,笔者就尝试联系副领事,希望其能帮助联系英国的 25 所孔子学院。笔者向其发送了一封非常正式的电子邮件,说明了此次研究目的,以及希望他能在研究过程中提供的帮助有哪些,并附上了笔者导师的一封推荐信。但是他并没有回复此邮件。于是,笔者开始通过互联网寻找各孔子学院的详细联系方式。最终,笔者在中国大使馆教育处的网站上找到全部孔子学院的名单和链接。

2015 年 10 月,笔者向孔子学院的负责人和开设孔子学院的大学的各个部门的负责人发送了上百封电子邮件,希望他们能帮助笔者向其员工转发此研究邀请函。但是这种招募参与者的方法并不是十分有效,因为一部分负责人非常繁忙,无法回复笔者,另外一部分负责人对让他们的员工加入笔者的研究十分谨慎。后来,笔者和笔者的导师沟通了这一问题,他建议笔者直接联系潜在参与者。因为受访者都是成年人,并且公共网站会显示他们的联系方式,所以联系他们无须获得负责人的允许。因此,从 2016 年 3 月开始,笔者直接向这些潜在参与者群发电子邮件。此外,笔者还曾想过参观部分研究场所,并亲自与中国教师对话,以宣传此研究。但是笔者在与部分中国教师约见两次后,发现这并不是一种高效地获取参与者的方法。首先,约见他们需要花费很长时间,但在付出时间和精力后,笔者依旧不能确定他们是否完成了在线调查,因为调查问卷都是匿名的。其次,作为一名自筹经费的研究者,笔者需要花费大量资金,才能参观完全部孔子学院,并且仍无法保证会在有限的时间内见到该院全部中国教师。在大学工作的其他中国讲师和教授则更为分散和繁忙,因此与他们单独约见会非常耗时。因此,与参与者见面是一项巨大的工程,并且并不十分值得研究人员花费如此大的精力与资金。

在收集问卷调查数据期间,笔者还遇到了其他困难。首先,因为在英国大学教书的中国教师人数少,所以研究者无法成功使用"滚雪球"式采样方法。许多中国讲师表示他们是其所在院系的唯一一位中国讲师,并且他们不清楚其他院系的中国教师的情况。其次,因为本研究的参与者主要是大学教师,部分参与者在反馈与研究工具有关的意见时非常具有批判性,有个别人甚至听起来有些自命不凡。例如,在一个有关视频场景的"其他感受"的问题中,一名参与者表示:"是的,对视频中你把单词拼错了表示愤怒!应该是'irrelavance'"。但是笔者使用在线牛津字典检查后发现,笔者问卷中的"irrelevance"是正确拼写格式,是这位参与者弄错了。另一名参与者在有关每一视频的"其他感受"的问题中,留下了非常极端的看法。例如,他在看到"学生用与课堂无关的问题打断老师"时,他的评论是"教师应打倒那名学生",并且他在观看全部的视频片段后,表示"我不会让全班同学退步到那种程度……我认为这不是一份明智的问卷"。类似的评论让研究人员感到非常沮丧,因为他们不尊重研究人员的努力,并且没有为研究提供有意义的回答。当然这些都是极个别人的反馈,对于实现本研究的最终目标没有造成任何影响。

7.5.2 在收集日记追踪研究数据时遇到的困难

笔者在收集日记追踪研究数据时遇到的一个巨大挑战,是如何在这5周内维持回复率。虽然笔者在每周的开始和结束时都给参与者发送了提醒,但是并没有使用奖励激励受访者,这可能是参与者人数在5周内急剧下降的原因之一。另外,有部分匿名参与者告诉笔者,他们无法继续参与此次日记追踪研究,基于对参与者隐私的保护,笔者无法联系到他们以探寻他们退出的原因到底是什么。无法了解数据收集过程中出现的具体问题,让笔者感到十分遗憾。最后,对于一个独立的研究人员而言,纵向研究确实很消耗时间和精力。笔者必须为不同的参与者设置不同的提醒时间,并且正确地记住和满足他们的特殊要求。

7.5.3 在收集访谈数据时遇到的问题

笔者在收集访谈数据期间也遇到了一些困难。正如前文所述,部分参与者是大学专业教师,因此他们会非常具有批判性地评判数据的收集过程。例如,在一次访谈中,在笔者询问参与者对中英教师的情绪不同点的看法时,参与者没有回答笔者的问题,而是直接质疑笔者的调查问卷量表项目,因为他认为笔者的量表不严谨;他产生这一态度的原因是他没有看到"无感觉"这一选项。当时,他非常强硬的说话语气让我甚至有点害怕,但是因为笔者对自己经过多方测评的调查问卷很有信心,所以我耐心地解释了我在量表中列出了"无感觉"这一选项,并且在他打印的纸质版调查问卷中指出了这一选项。他拍了一下脑袋,并立即为他的盲目质疑向笔者道歉。在访谈的剩余时间中,我们的对话非常愉快,成果丰硕。他还向笔者提供了与访谈问题有关的开放式答案。

笔者从这次经历中学到,在访谈中保持自信和专业是非常重要的。

　　总而言之,虽然笔者在组织和开展数据收集工作期间遇到诸多困难和阻碍,但是笔者获得的帮助和成长远远超过遇到的挫折。在前期,部分参与者向笔者发送电子邮件,提出了非常好的建议,帮助笔者改善研究工具中的用语。部分参与者还告诉笔者,他们很高兴看到一项研究能让他们有机会分享其在外国的感受和教学情况,并且认为笔者的研究能产生较大影响,还向笔者表示支持。各孔子学院和各大学院系的部分负责人甚至在首轮数据收集工作结束后,向笔者发电子邮件询问他们是否能够提供其他帮助。此外,笔者的导师也倾尽全力帮助笔者拓宽参与者招募途径。这些帮助和支持让笔者最终能成功完成数据收集工作。使用自然方式收集数据的研究,对于研究人员的计划能力、组织能力、解决意外问题的能力和研究未知现象的信心与毅力而言,是一个巨大的挑战,未来的研究人员应为迎接这一挑战做好充分的准备。

第8章 结 论

　　基于转换范式的认识论与本体论,本研究使用混合方法调查了教师在跨文化教学背景下的情绪。本研究的主要目的是调查在遇到相同的环境诱因时,中国教师的情绪体验是否不同于本土英国教师,并揭示这些不同主要集中在何种情绪上。为实现这些研究目标,笔者设计了三种研究方式。第一,问卷调查,问卷创新性地使用了视频片段作为情绪诱因来调查教师对固定环境诱因的情绪反应。第二,为确定调查问卷研究所得数据的可靠性,笔者开展了纵向日记追踪研究,以调查教师在真实教学环境中的长期情绪体验。第三,笔者使用访谈研究方法来探索对教师情绪体验的合理解释。

　　本书共分8章。第1章和第2章说明了本研究的理论基础。在回顾情绪评价理论后,笔者发现不同的人群因评价标准的不同而对相同的诱因产生不同的情绪反应。在进一步回顾文献后,笔者发现一个人的信仰或者价值观会影响其评价标准,而其成长过程中的文化或社会背景会影响其信仰与价值观。在英国教学的中国教师的文化价值观与英国教师不同,根据情绪评价理论,他们在面对相同的情绪刺激因素(例如,学生不当行为)时也许就会产生与英国教师不同的情绪体验。中国教师的感受是否与英国教师相同,或者中国教师产生的情绪是否比英国教师更积极或更消极? 从前人的研究中,我们无法找到这个问题的答案,这也因此有了开展本研究的必要性。第3章阐述了本研究打算如何回答这些问题,并陈述了具体的研究设计。第4章、第5章和第6章分别阐明了找到这些研究问题的答案的方法和所发现的结果。问卷调查的研究结果表明,中国教师与英国教师的情绪体验不同,主要表现在中国教师在面对不文明行为时,产生的负面情绪比英国教师更强烈,特别是焦虑和羞愧情绪。日记追踪研究与访谈也富有成果,分别肯定了问卷研究的结果,发掘了造成教师情绪体验差异的数个因素(例如教师效能感和文化传统)。第7章结合定性和定量结果,完整地梳理了研究情况,强调了研究的意义,不仅讨论了我们可以从本研究中取得的经验和教训,还说明了我们可采取哪些措施解决本研究提出的问题,并为未来研究提供了启示。

笔者的研究内容是英国大学中中英教师对学生不当行为的情绪反应,这项研究向数个领域贡献了原创知识。

第一,本研究不仅证明了不同文化背景的教师对相同情境诱因产生的情绪反应不同这一假设,还发现了中英教师具体情绪的不同点,丰富了现有的与国际教师在跨文化教学情境下情绪体验有关的知识。

第二,定性研究结果揭示了每一个情绪评价维度对区分教师情绪体验的重要性,让人们从新的角度看待教师的文化背景、个性和情绪体验三者之间的关系。这些结果还为未来的研究指明了方向,以便更好地发掘教师在评判学生捣乱行为时,文化和个性对其产生的影响。

第三,本研究运用了视频形式的行为场景激发教师的情绪反应。与此前的教师情绪体验研究不同,这种工具可更为直接和有效地衡量不同人的情绪反应,但是未来研究仍需广泛的数据收集工具,以对此进行测试和验证。

第四,本研究还将对教育实践做出较大贡献,通过明确指出大学教师在教学过程中所面临的情绪困境,呼吁高等教育政策制定者关注大学教师的心理健康。此外,本研究末尾还提供了切实可行的解决方案,以解决教师反馈的心理问题。

第五,本研究向国际教师培训计划设计者提供了第一手参考资料,使其能够更加了解教师情绪体验和其课堂管理效果间的关系。本研究参与者反馈的在国外教学期间遇到的所有困难和挑战都可作为实践场景纳入培训材料,从而为未来的国际教师提供更好的帮助。

第六,本研究还可在学术领域外产生影响,决策者在修订大学教师选拔和培养政策时可参考本研究,从而改善大学教师的教学风格并帮助新任国际教师获得更好的专业技能。

总而言之,本研究有助于我们从跨文化角度了解教师对学生课堂捣乱行为的情绪反应。因此,本研究对学术领域和实践领域均可产生一定影响。

参考文献

Adler, A. (2013). *The Practice and Theory of Individual Psychology*. New York: Harcourt.

Alberts, H. C. , Hazen, H. D. , & Theobald, R. B. (2010). Classroom incivilities: The challenge of interactions between college students and instructors in the US. *Journal of Geography in Higher Education*, 34 (3), 439-462.

Alenezi, O. Y. A. (2013). Academic staff perceptions of the management of decision-making processes in the Education Faculties of King Saud University and the University of Leeds: A comparative analysis. PhD thesis, University of Leeds.

Allen, F. , Qian, J. , & Qian, M. (2005). Law, finance, and economic growth in China. *Journal of Financial Economics*, 77(1), 57-116.

Allwight, D. , & Bailey, K. (1991). *Focus on the Language Classroom: An Introduction to Classroom Research for Language Teachers*. Cambridge: Cambridge University Press.

Anspal, T. , Eisenschmidt, E. , & Löfström, E. (2012). Finding myself as a teacher: Exploring the shaping of teacher identities through student teachers' narratives. *Teachers and Teaching*, 18(2), 197-216.

Arnold, M. B. (1960). *Emotion and Personality* (Vol. 1): *Psychological Aspects*. New York: Columbia University Press.

Ashforth, D. E. , & Humphrey, R. H. (1993). Emotional labor in service roles: The influence of identity. *Academy & Management Journal*, 18 (1), 88-115.

Association of Teachers and Lecturers. (2011). Boys' behaviour at school is still more challenging than that of girls, but the behaviour of both is getting worse. Retrieved from http://www. atl. org. uk/Images/15%20April%202011%20-%20Boys%20behaviour%20still%20more%20challeging%20than%20girls%20but%20behaviour%20of%20both%20is%20getting%20worse%20-%20ATL%20annual%20conf%20final. pdf.

Association of Teachers and Lecturers. (2014). A guide for supply teachers—ATL. Retrived from https://www. atl. org. uk/Images/ATL_Guide_for_Supply_Teachers_2014. pdf.

Attwood, R. (2009). Mind your manners, not the phone, please. *Times Higher Education*. Retrived from https://www. timeshighereducation. com/news/mind-your-manners-not-the-phone-please/408206. article.

Bagozzi, R. P., & Pieters, R. (1998). Goal-directed emotions. *Cognition and Emotion*, 12(1), 1-26.

Bagozzi, R. P., Wong, N., & Yi, Y. (1999). The role of culture and gender in the relationship between positive and negative affect. *Cognition and Emotion*, 13(6), 641-672.

Bakker, A. B., & Bal, P. M. (2010). Weekly work engagement and performance: A study among starting teachers. *Journal of Occupational and Organizational Psychology*, 83(1), 189-206.

Bandura, A. (1978). Self-efficacy: Toward a unifying theory of behavioural change. *Psychological Review*, 84(2), 139-191.

Bandura, A. (1982). Self-efficacy mechanism in human agency. *American Psychologist*, 37(2), 122-147.

Bandura, A. (1994). Self-efficacy. In V. S. Ramachaudran (Ed.), *Encyclopedia of Human Behavior* (vol. 3, pp. 71-81). New York: Academic Press.

Bargh, J. A. (2013). *Social Psychology and the Unconscious: The Automaticity of Higher Mental Processes*. London: Psychology Press.

Barratt, L., & Kontra, E. H. (2000). Native-English-speaking teachers in cultures other than their own. *TESOL Journal*, 9(3), 19-23.

Barrett, L. F., & Russell, J. A. (1999). The structure of current affect: Controversies and emerging consensus. *Current Directions in Psychological Science*, 8(1), 10-14.

Barrett, L. F., Mesquita, B., Ochsner, K. N., & Gross, J. J. (2007). The experience of emotion. *Annual Review of Psychology*, 58(1), 373-403.

Barriball, L. K., & While, A. (1994). Collecting Data using a semi-structured interview: A discussion paper. *Journal of Advanced Nursing*, 19(2), 328-335.

Bazeley, P., & Jackson, K. (Eds.). (2013). *Qualitative Data Analysis with NVivo*. Los Angeles: Sage.

Beauchamp, C., & Thomas, L. (2009). Understanding teacher identity: An overview of issues in the literature and implications for teacher education. *Cambridge Journal of Education*, 39(2), 175-189.

Beedie, C., Terry, P., & Lane, A. (2005). Distinctions between emotion and mood. *Cognition and Emotion*, 19(6), 847-878.

Berger, B. A. (2000). Incivility. *American Journal of Pharmaceutical Education*, 64(4), 445-450.

Berlyne, D. E. (1960). *Conflict, Arousal, and Curiosity*. New York: McGraw-Hill.

Bernard, H. R. (2012). *Social Research Methods: Qualitative and Quantitative Approaches*. Thousand Oaks, CA: Sage.

Black, L. J., Wygonik, M. L., & Frey, B. A. (2011). Faculty-preferred strategies to promote a positive classroom environment. *Journal on Excellence in College Teaching*, 22, 109-134.

Blair, J., Czaja, R. F., & Blair, E. A. (2013). *Designing Surveys: A Guide to Decisions and Procedures*. Los Angeles: Sage.

Bodycott, P., & Walker, A. (2000). Teaching abroad: Lessons learned about inter-cultural understanding for teachers in higher education. *Teaching in Higher Education*, 5(1), 79-94.

Bond, M. H. (1988). Finding universal dimensions of individual variation in multicultural studies of values: The Rokeach and Chinese value surveys. *Journal of Personality and Social Psychology*, 55(6), 1009.

Bond, M. H. (1993). Emotions and their expression in Chinese culture. *Journal of Nonverbal Behaviour*, 17(4), 245-262.

Borg, M. (2001). Key concepts in ELT: Teachers' beliefs. *ELT Journal*,

55(2)，186-188.

Borg，M. G. (1998). The emotional reactions of school bullies and their victims. *Educational Psychology*，18(4)，433-444.

Boucher，J. D.，& Brandt，M. E. (1981). Judgment of emotion: American and Malay antecedents. *Journal of Cross-Cultural Psychology*，12(3)，272-283.

Braun，V.，& Clarke，V. (2006). Using thematic analysis in psychology. *Qualitative Research in Psychology*，3，77-101.

Breakwell，G. M. (2000). Interviewing. In G. M. Breakwell，S. Hammond & C. Fife-Schaw (Eds.)，*Research Methods in Psychology* (2nd ed.，pp. 239-250). Los Angeles: Sage.

Brew，F. P.，Hesketh，B.，& Taylor，A. (2001). Individualist-collectivist differences in adolescent decision making and decision styles with Chinese and Anglos. *International Journal of Intercultural Relations*，25(1)，1-19.

Brissie，J. S.，Hoover-Dempsey，K. V.，& Bassler，O. C. (1988). Individual, situational contributors to teacher burnout. *Journal of Educational Research*，82(2)，106-112.

Brophy，J.，& McCaslin，M. (1992). Teachers' reports of how they perceive and cope with problem students. *Elementary School Journal*，93(1)，3-68.

Brotheridge，C. M.，& Lee，R. T. (2003). Development and validation of the emotional labour scale. *Journal of Occupational and Organizational Psychology*，76(3)，365-379.

Brown，J. S.，& Farber，I. (1951). Emotions conceptualized as intervening variables, with suggestions toward a theory of frustration. *Psychological Bulletin*，48(6)，465-495.

Bryman，A. (2006). Integrating quantitative and qualitative research: How is it done?. *Qualitative Research*，6(1)，97-113.

Burke，L. A.，Karl，K.，Peluchette，J.，& Evans，W. R. (2014). Student Incivility: A Domain Review. *Journal of Management Education*，38(2)，160-191.

Burke，R. J.，& Greenglass，E. (1993). Work stress, role conflict, social support and psychological burnout among teachers. *Psychological Reports*, 73(2), 371-380.

Buxton, C. E. (Ed.). (2013). *Points of View in the Modern History of Psychology*. New York: Academic Press.

Cacioppo, J. T., Berntson, G. G., Larsen, J. T., Poehlmann, K. M., & Ito, T. A. (2000). The psychophysiology of emotion. In R. Lewis, J. M. Haviland-Jones (Eds.), *Handbook of Emotions* (pp. 173-191). New York: Guilford Press.

Cameron, R. (2009). A sequential mixed model research design: Design, analytical and display issues. *International Journal of Multiple Research Approaches*, 3(2), 140-152.

Campbell, D. T., & Stanley, J. C. (1966). *Experimental and Quasi-experimental Designs for Research*. Skokie, IL: Rand McNally.

Campos, J. J., & Barrett, K. C. (1984). Toward a new understanding of emotions and their development. In C. E. Izard, J. Kagan & R. B. Zajonc (Eds.), *Emotions, Cognition, & Behaviour* (pp. 229-263). New York: Cambridge University Press.

Carson, R. L. (2006). Exploring the episodic nature of teachers' emotions as it relates to teacher burnout. Retrieved from Dissertations and Theses database (AAT 3232157).

Castrén, E. (2005). Is mood chemistry?. *Nature Reviews Neuroscience*, 6 (3), 241-246.

Chang, M. L. (2009). An appraisal perspective of teacher burnout: Examining the emotional work of teachers. *Educational Psychology Review*, 21(3), 193-218.

Chang, M. L., & Davis, H. A. (2009). Understanding the role of teacher appraisals in shaping the dynamics of their relationships with students: Deconstructing teachers' judgments of disruptive behaviour/students. In P. A. Schutz & M. Zembylas (Eds.), *Advances in Teacher Emotions Research* (pp. 95-127). New York: Springer.

Chinese Embassy Website: Retrieved from http://www. edu-chineseembassy-uk. org/publish/portal24/tab5260/info94750. htm.

Clark, C. (2008). The dance of incivility in nursing education as described by nursing faculty and students. *Advances in Nursing Science*, 31(4), E37-E54.

Coates, T. J. , & Thoresen, C. E. (1976). Teacher anxiety: A review with recommendations. *Review of Educational Research*, 6(2), 159-184.

Cohen, L. , Manion, L. , & Morrison, K. (2000). *Research Methods in Education* (5th ed.). London: Routledge Falmer.

Cornish, P. , & Dorman, A. M. (2012). Smart muddling through: Rethinking UK national strategy beyond Afghanistan. *International Affairs*, 88(2), 213-222.

Cosmides L, & Tooby, H. (2000). Evolutionary psychology and the emotions. In M. Lewis, J. M. Haviland-Jones (Eds.), *Handbook of Emotions* (2nd ed. , pp. 91-115). New York: Guilford Press.

Creswell, J. W. (2002). *Research Design: Qualitative, Quantitative and Mixed Methods Approaches* (2nd ed.). Thousand Oaks, CA: Sage.

Creswell, J. W. , & Clark, V. L. P. (2017). *Designing and Conducting Mixed Methods Research*. Los Angeles: Sage.

Creswell, J. W. , Plano Clark, V. L. , Gutmann, M. L. , & Hanson, W. E. (2003). Advanced mixed methods research designs. In A. Tashakkori & C. Teddlie (Eds.), *Handbook of Mixed Methods in Social and Behavioral Research* (pp. 209-240). Thousand Oaks, CA: Sage.

Crotty, M. (1998). *The Foundations of Social Research: Meaning and Perspective in the Research Process*. London: Sage.

Csikszentmihalyi, M. (2000). *Beyond Boredom and Anxiety*. San Francisco, CA: Jossey-Bass.

D'agostino, R. B. , Belanger, A. , & D'Agostino Jr, R. B. (1990). A suggestion for using powerful and informative tests of normality. *The American Statistician*, 44(4), 316-321.

Darwin, C. (1998). *The Expression of the Emotions in Man and Animals*, (3rd ed.). New York: Oxford University Press.

Darwin, C. , Ekman, P. , & Prodger, P. (1998). *The Expression of the Emotions in Man and Animals*. Oxford: Oxford University Press.

Daudelin-Peltier, C. , Forget, H. , Blais, C. , Deschênes, A. , & Fiset, D.

(2017). The effect of acute social stress on the recognition of facial expression of emotions. *Scientific Reports*, 7(1), 1-13.

Davidson, D. (1976). Hume's cognitive theory of pride. *The Journal of Philosophy*, 73(19), 744-757.

Day, C., & Leitch, R. (2001). Teachers' and teacher educators' lives: The role of emotion. *Teaching and Teacher Education*, 17(4), 403-415.

De Sousa, R. (1990). *The Rationality of Emotion*. Cambridge, MA: MIT Press.

Demir, E., Desmet, P. M., & Hekkert, P. (2009). Appraisal patterns of emotions in human-product interaction. *International Journal of Design*, 3(2), 41-51.

Denzin, N. K., & Lincoln, Y. S. (2011), Introduction: The discipline and practiceof qualitative research. In N. K. Denzin & Y. S. Lincoln (Eds.), *The SAGE Handbook of Qualitative Research* (4th ed.). (pp. 1-19). Thousand Oaks, CA: Sage.

Department for Education (2013). Behaviour and discipline in schools: Advice for governing bodies. Retrieved from www. gov. uk/government/ publications.

Department for Education (2014). Behaviour and discipline in schools: Advice for head teachers and school staff. Retrieved from www. gov. uk/ government/publications.

Department for Education and Skills (2005). *Learning Behaviour: The Report of the Practitioners Group on School Behaviour and Discipline*. Nottingham: DFES.

Desmet, P. (2005). Measuring emotion: Development and application of an instrument to measure emotional responses to products. In A. Mark & B. K. Overbeeke(Eds.), *Funology: From Usability to Enjoyment*(pp. 111-123). Norwell: MA: Kluwer Academic Publishers.

Diamond, J. B., Randolph, A., & Spillane, J. P. (2004). Teachers' expectations and sense of responsibility for student learning: The importance of race, class, and organizational habitus. *Anthropology & Education Quarterly*, 35(1), 75-98.

Dicker, R., & Gilbert, J. (1988). The role of the telephone in educational research. *British Educational Research Journal*, 14 (1), 65-72.

Diefendorff, J. M. , Croyle, M. H. , & Gosserand, R. H. (2005). The dimensionality and antecedents of emotional labor strategies. *Journal of Vocational Behavior*, 66(2), 339-357.

Ding, M. , Li, Y. , Li, X. , & Kulm, G. (2008). Chinese teachers' perceptions of students' classroom misbehaviour. *Educational Psychology*, 28(3), 305-324.

Dornyei, Z. (2007). *Research Methods in Applied Linguistics: Quantitative, Qualitative, and Mixed Methodologies*. Oxford: Oxford University Press.

Ed Scherer, K. R. , Johnstone, T. , & Klasmeyer, G. (2003). *Handbook of Affective Sciences*. New York: OxfordUniversity Press.

Ekman P. (1972). Universals and cultural differences in facial expressions of emotion. In J. R. Cole (Ed.), *Symposium on Motivation*, (pp. 207-83). Lincoln: University Nebraska Press.

Ekman, P. (1984). Expression and the nature of emotion. In K. R. C. Scherer & P. Ekman (Eds.), *Approaches to Emotion* (pp. 319-344). Hillsdale, NJ: Lawrence Erlbaum.

Ekman, P. (1992). An argument for basic emotions. *Cognition and Emotion*, 6(3-4), 169-200.

Ekman, P. (1994). Moods, emotions and traits. In P. Ekman & R. J. Davidson (Eds.), *The Nature of Emotion* (pp. 56-58). London:Oxford University Press.

Eliot, T. S. (2010). *Notes Towards the Definition of Culture*. London: Faber & Faber.

Ellsworth, P. C. , & Scherer, K. R. (2003). Appraisal processes in emotion. In R. J. Davidson, H. Goldsmith & K. R. Scherer (Eds.), *Handbook of Affective Sciences* (pp. 572-595). New York: Oxford University Press.

Ellsworth, P. C. , & Smith, C. A. (1988). Shades of joy: Patterns of appraisal differentiating pleasant emotions. *Cognition and Emotion*, 2 (4), 301-331.

Evers, W. J. G. , Tomic, W. , & Brouwers, A. (2004). Burnout among *teachers. School Psychology International*, 25(2), 131-148.

Fan, Y. (2000). A classification of Chinese culture. *Cross Cultural Management: An International Journal*, 7(2), 3-10. Retrieved from https://doi.org/10.1108/13527600010797057.

Feachem, R. G. (2001). Globalisation is good for your health, mostly. *BMJ*, 323(7311), 504-506.

Feldman, L. A. (1995). Valence focus and arousal focus: Individual differences in the structure of affective experience. *Journal of Personality and Social Psychology*, 69(1), 153-166.

Field, A. (2013). *Discovering Statistics Using IBM SPSS Statistics* (4th ed.). London: Sage.

Foley, R. (2001). *Intellectual Trust in Oneself and Others*. Cambridge: Cambridge University Press.

Ford, M. E. (1992). *Motivating Humans: Goals, Emotions, and Personal Agency Beliefs*. Newbury Park, CA: Sage.

Fraenkel, J. R., & Wallen, N. E. (2008). *How to Design and Evaluate Research in Education* (7th ed.). New York: McGraw Hill.

Fredrickson, B. L. (2001). The role of positive emotions in positive psychology: The broaden-and-build theory of positive emotions. *American Psychologist*, 56(3), 218-226.

Freire, P. (1970). *Pedagogy of the Oppressed*. London: Penguin Books.

Frenzel, A. C., Goetz, T., Lüdtke, O., Pekrun, R., & Sutton, R. E. (2009a). Emotional transmission in the classroom: Exploring the relationship between teacher and student enjoyment. *Journal of Educational Psychology*, 101(3), 705-716.

Frenzel, A. C., Goetz, T., Stephens, E. J., & Jacob, B. (2009b). Antecedents and effects of teachers' emotional experiences: An integrated perspective and empirical test. In P. A. Schutz, & M. Zembylas (Eds.), *Advances in Teacher Emotion Research: The Impact on Teachers' Lives* (pp. 129-151). New York: Springer.

Frenzel, A. C., Pekrun, R., Goetz, T., Daniels, L. M., Durksen, T. L., Becker-Kurz, B., & Klassen, R. M. (2016). Measuring Teachers' enjoyment, anger, and anxiety: The Teacher Emotions Scales (TES).

Contemporary Educational Psychology，46，148-163.

Frenzel, A. C. , Thrash, T. M. , Pekrun, R. , & Goetz, T. （2007）. Achievement Emotions in Germany and China: A Cross-Cultural Validation of the Academic Emotions Questionnaire: Mathematics. *Journal of Cross-Cultural Psychology*，38(3)，302-309.

Friedman, I. A. （1995）. Measuring school principal-experienced burnout. *Educational and Psychological Measurement*，55(4)，641-651.

Friedman, I. A. , & Farber, B. A. （1992）. Professional self-concept as a predictor of teacher burnout. *Journal of Educational Research*，86(1)，28-35.

Frijda, N. H. （1986）. *The Emotions*. Cambridge: Cambridge University Press.

Frijda, N. H. （1993）. The place of appraisal in emotion. *Cognition and Emotion*，7(3-4)，357-387.

Frijda, N. H. （2007）. *The Laws of Emotion*. Hillsdale, NJ: Lawrence Erlbaum.

Frijda, N. H. , Kuipers, P. , & Ter Schure, E. （1989）. Relations among emotion, appraisal, and emotional action readiness. *Journal of Personality and Social Psychology*，57(2)，212-228.

Gausel, N. , & Leach, C. W. （2011）. Concern for self-image and social image in the management of moral failure: Rethinking shame. *European Journal of Social Psychology*，41(4)，468-478.

Gee, J. P. （2001）. Identity as an analytical lens for research in education. *Review of Research in Education*，25，99-125.

Ghasemi, A. , & Zahediasl, S. （2012）. Normality tests for statistical analysis: A guide for non-statisticians. *International Journal of Endocrinology and Metabolism*，10(2)，486-489.

Gibbs, G. R. （2002）. *Qualitative Data Analysis: Explorations with NVivo*. Buckingham: Open University press.

Gilligan, C. （1982）. *In a Different Voice*. Cambridge: Harvard University Press.

Giroux, H. （2012）. Henry Giroux on democracy unsettled: From critical pedagogy to the war on youth. *Geopolitics, History, and International*

Relations，4(1)，156-174.

Goetz，T.，Frenzel，A. C.，Stoeger，H.，& Hall，N. C.（2010）. Antecedents of everyday positive emotions：An experience sampling analysis. *Motivation and Emotion*，34(1)，49-62.

Gosling，S. D.，Vazire，S.，Srivastava，S.，& John，O. P.（2004）. Should we trust web-based studies? A comparative analysis of six preconceptions about internet questionnaires. *American Psychologist*，59(2)，93-104.

Grandjean，D.，Sander，D.，& Scherer，K. R.（2008）. Conscious emotional experience emerges as a function of multilevel，appraisal-driven response synchronization. *Consciousness and Cognition*，17(2)，484-495.

Gray，J. A.（1987）. *The Psychology of Fear and Stress*（vol. 5）. Cambridge：Cambridge University Press.

Greene，J. C.，& Caracelli，V. J.（1997）. Defining and describing the paradigm issue in mixed-method evaluation. *New Directions for Evaluation*，1997(74)，5-17.

Gu，H.，Lai，S. L.，& Ye，R.（2011）. A cross-cultural study of student problem behaviours in middle schools. *School Psychology International*，32(1)，20-34.

Guba，E. G.，& Lincoln，Y. S.（1994）. Competing paradigms in qualitative research. In N. K. Denzin & Y. S. Lincoln（Eds.），*Handbook of Qualitative Research*（pp. 105-117）. London：Sage.

Gundlach，M.，Zivnuska，S.，& Stoner，J.（2006）. Understanding the relationship between individualism：Collectivism and team performance through an integration of social identity theory and the social relations model. *Human Relations*，59(12)，1603-1632.

Hagenauer，G.，& Volet，S. E.（2014）. "I don't think I could, you know, just teach without any emotion"：Exploring the nature and origin of university teachers' emotions. *Research Papers in Education*，29(2)，240-262.

Haq，M.（2014）. A comparative analysis of qualitative and quantitative research methods and a justification for use of mixed methods in social research. Annual PhD Conference. Bradford: University of Bradford School of Management.

Harding, S. (1992). Rethinking standpoint epistemology: What is "strong objectivity?". *The Centennial Review*, 36(3), 437-470.

Hargreaves A. (1998). The emotional practice of teaching. *Teaching and Teacher Education*. 14(8), 835-854.

Hargreaves, A. (2000). Mixed emotions: Teachers' perceptions of their interactions with students. *Teaching and Teacher Education*, 16(8), 811-826.

Hargreaves, A. (2005). The emotions of teaching and educational change. In A. Hargeaves (Ed.), *Extending Educational Change*(pp. 278-295). Springer.

Hargreaves, A., & Tucker, E. (1991). Teaching and guilt: Exploring the feelings of teaching. *Teaching and Teacher Education*, 7(5-6), 491-505.

Harrell, S. (1985). Why do the Chinese work so hard? Reflections on an entrepreneurial ethic. *Modern China*, 11(2), 203-226.

Hebb, D. O. (1946). On the nature of fear. *Psychological Review*, 53(5), 259-276.

Heine, S. J., Lehman, D. R., Markus, H. R., & Kitayama, S. (1999). Is there a universal need for positive self-regard?. *Psychological Review*, 106(4), 766-794.

Henson, R. (2001). Teacher self-efficacy: Substantive implications and measurement dilemmas. Paper at the annual meeting of the Educational Research Exchange. Texas A & M University, Texas. Retrieved from www. des. emory. edu/mfp/erekeynote. pdf.

Hitchcock, G., & Hughes, D. (1995). *Research and the Teacher: A Qualitative Introduction to School-Based Research*. New York: Psychology Press.

Ho, C., & Leung, J. (2002). Disruptive classroom behaviours of secondary and primary schoolstudents. *Educational Research Journal*, 17, 219-233.

Ho, D. Y. F., & Chiu, C. Y. (1994). Components of individualism, collectivism, and social organization: An application in the study of Chinese culture. In U. Kim, H. C. Triandis, C. Kagitcibasi, S. C. Choi & G. Yoon (Eds.), *Individualism and Collectivism: Theory, Method, and Applications* (pp. 137-156). London: Sage.

Hochschild, A. R. (1983). *The Managed Heart*. Berkeley, CA: University of California Press.

Hofstede, G. (2009). *Cultural Dimensions*. Retrieved from www. geert hofstede. com.

Hofstede, G. (1980). Culture and organizations. *International Studies of Management & Organization*, 10(4), 15-41.

Hofstede, G. (1986). Cultural differences in teaching and learning. *International Journal of Intercultural Relations*, 10(3), 301-320.

Hofstede, G. (2001). *Culture's Consequences: Comparing Values, Behaviours, Institutions and Organizations Across Nations* (2nd ed.). Thousand Oaks, CA: Sage.

Hofstede, G., & Bond, M. H. (1984). Hofstede's culture dimensions: An independent validation using Rokeach's value survey. *Journal of Cross-Cultural Psychology*, 15(4), 417-433.

Holliday, A. (2007). *Doing and Writing Qualitative Research* (2nd ed.). London: Sage.

Home Office of British Council. (2013). Life in the United Kingdom: A guide for new residents (3rd ed.). Retrive from http://esol. britishcouncil. org/content/learners/uk-life/life-uk-test/values-and-principles-uk .

Hosotani, R., & Imai-Matsumura, K. (2011). Emotional experience, expression, and regulation of high-quality Japanese elementary school teachers. *Teaching and Teacher Education*, 27(6), 1039-1048.

Houghton, S., Wheldall, K., & Merrett, F. (1988). Classroom behaviour problems which secondary school teachers say they find most troublesome. *British Educational Research Journal*, 14(3), 297-312.

Hoy, A. W. (2000). Changes in teacher efficacy during the early years of teaching. Paper presented at the Annual Meeting of the American Educational Research Association, New Orleans.

Hughes, R. E. (2001). Deciding to leave but staying: Teacher burnout, precursors and turnover. *The International Journal of Human Resource Management*, 12(2), 288-298.

Hwang, H. C., & Matsumoto, D., (2013). Culture and educational psychology. In G. A. D. Liem, & A. B. I. Bernardo (Eds.), *Advancing Cross-Cultural Perspectives on Educational Psychology* (pp. 21-38). Charlotte: IAP-Information Age Publishing.

Imada, T., & Ellsworth, P. C. (2011). Proud Americans and lucky Japanese: Cultural differences in appraisal and corresponding emotion. *Emotion*, 11(2), 329-345.

Ingersoll, R. M. (2001). Teacher turnover and teacher shortages: An organizational analysis. *American Educational Research Journal*, 38(3), 499-534.

Intrator, S. M. (2006). Beginning teachers and the emotional drama of the classroom. *Journal of Teacher Education*, 57(3), 232-239.

Isenbarger, L., & Zembylas, M. (2006). The emotional labour of caring in teaching. *Teaching and Teacher Education*, 22(1), 120-134.

Ivankova, N. V., Creswell, J. W., & Stick, S. L. (2006). Using mixed-methods sequential explanatory design: From theory to practice. *Field Methods*, 18(1), 3-20.

Izard, C. E. (1977). *Human Emotions*. New York: Plenum Press.

Izard, C. E. (1993). Four systems of emotion activation: Cognitive and noncognitive processes. *Psychological Review*, 100(1), 68-90.

James, W. (1884). What is an emotion?. *Mind*, 9 (34), 188-205.

Jennings, P. A., & Greenberg, M. T. (2009). The prosocial classroom: Teacher social and emotional competence in relation to student and classroom outcomes. *Review of Educational Research*, 79(1), 491-525.

Johnson, R. B., & Onwuegbuzie, A. J. (2004). Mixed methods research: A research paradigm whose time has come. *Educational Researcher*, 33(7), 14-26.

Johnson-Laird, P. N., & Oatley, K. (1989). The language of emotions: An analysis of a semantic field. *Cognition and Emotion*, 3(2), 81-123.

Johnson-Laird, P. N., & Oatley, K. (1992). Basic emotions, rationality, and folk theory. *Cognition and Emotion*, 6(3-4), 201-223.

Kappas, A. (2001). A metaphor is a metaphor is a metaphor: Exorcising the homunculus from appraisal theory. In K. R. Scherer, A. Schorr & T. Jonestone (Eds.), *Appraisal Process in Emotion: Theory, Method, Research*(pp. 157-172). New York: Oxford University Press.

Kassinove, H., Sukhodolsky, D. G., Tsytsarev, S. V., & Solovyova, S. (1997). Self-reported anger episodes in Russia and America. *Journal of Social Behavior and Personality*, 12(2), 301-324.

Keating, P. (2016). An exploratory mixed-methods study of student incivility in higher education classrooms. Unpublished doctoral dissertation. Ormskirk: Edge Hill University.

Kelchtermans, G. (1996). Teacher vulnerability: Understanding its moral and political roots. *Cambridge J. Education*,26(3): 307-323.

Keltner, D., & Gross, J. J. (1999). Functional accounts of emotions. *Cognition and Emotion*, 13(5), 467-480.

Kenny, A. (1963). *Action, Emotion and the Will*. London: Routledge & Kegan Paul.

Kitayama, S., Markus, H. R., & Kurokawa, M. (2000). Culture, emotion, and well-being: Good feelings in Japan and the United States. *Cognition and Emotion*,14(1), 93-124.

Kitayama, S., Mesquita, B., & Karasawa, M. (2006). Cultural affordances and emotional experience: Socially engaging and disengaging emotions in Japan and the United States. *Journal of Personality and Social Psychology*, 91(5), 890-903.

Klassen, R.M., & Chiu, M.M. (2011). The occupational commitment and intention to quit of practicing and pre-service teachers: Influence of self-efficacy, job stress, and teaching context. *Contemporary Educational Psychology*, 36(2), 114-129.

Klassen, R. M., & Durksen, T. L. (2014). Weekly self-efficacy and work stress during the teaching practicum: A mixed methods study. *Learning and Instruction*, 33, 158-169.

Klassen, R. M., Foster, R. Y., Rajani, S., & Bowman, C. (2009). Teaching in the Yukon: Exploring teachers' efficacy beliefs, stress, and job satisfaction in a remote setting. *International Journal of Educational Research*, 48(6), 381-394.

Klassen, R. M., Perry, N. E., & Frenzel, A. C. (2012). Teachers' relatedness with students: An underemphasized component of teachers' basic psychological needs. *Journal of Educational Psychology*, 104 (1), 150-165.

Klinger, E. (1975). Consequences of commitment to and disengagement from incentives. *Psychological Review*, 82(1), 1-25.

Lambie, J. A., & Marcel, A. J. (2002). Consciousness and the varieties of emotion experience: A theoretical framework. *Psychological Review*, 109(2), 219-259.

Lange, G. (1912/1895). The mechanism of the emotions (Om Sindsbevaegelser) (B. Rand, Trans.). In B. Rand (Ed.), *The Classical Psychologists: Selections Illustrating Psychology from Anaxagoras to Wundt* (pp. 672-684). Boston: Houghton Mifflin Company.

Larsen, R. J., & Diener, E. (1992). Promises and problems with the circumplex model of emotion. In M. S. Clark (Ed.), *Review of Personality and Social Psychology: Emotion* (vol. 13, pp. 25-59). Newbury Park, CA: Sage

Lasky, S. (2000). The cultural and emotional politics of parent-teacher interaction. *Teaching and Teacher Education*, 16(8), 843-860.

Lazarus, R. S. (1966). *Psychological Stress and the Coping Process*. New York: McGraw-Hill.

Lazarus, R. S. (1991). *Emotion and Adaptation*. New York: Oxford University Press.

Lazarus, R. S. (2001). Relational meaning and discrete emotions. In K. R. Scherer, A. Schorr & T. Johnstone (Eds.), *Appraisal Processes in Emotion* (pp. 37-67). New York: Oxford University Press.

Lazarus, R. S., & Folkman, S. (1984). *Stress, Appraisal, and Coping*. New York: Springer.

LeDoux, J. E. (1989). Cognitive-emotional interactions in the brain. *Cognition and Emotion*, 3(4), 267-289.

LeDoux, J. E. （1996）. *The Emotional Brain: The Mysterious Underpinnings of Emotional Life*. New York: Simon & Schuster.

LeDoux, J. E. (2000). Emotion circuits in the brain. *Annual Review of Neuroscience*, 23:155-184.

Lee, D. (2007). Staff endure threats, abuse and vendettas. *Times Higher Education*. Retrieved from https://www. timeshighereducation. com/news/staff-endure-threats-abuse-and-vendettas/310442. article.

Lee, S. , Nguyen, H. A. , & Tsui, J. (2011). Interview language: A proxy measure for acculturation among Asian Americans in a population-based survey. *Journal of Immigrant and Minority Health*, 13(2), 244-252.

Leech, N. L. , & Onwuegbuzie, A. J. (2011). Beyond constant comparison qualitative data analysis: Using NVivo. *School Psychology Quarterly*, 26(1), 70-84.

Lenoir, F. (2015). *Happiness: A Philosopher's Guide*. Brooklyn: Melville House.

Leu, J. , Mesquita, B. , Ellsworth, P. C. , ZhiYong, Z. , Huijuan, Y. , Buchtel, E. , & Masuda, T. （2010）. Situational differences in dialectical emotions: Boundary conditions in a cultural comparison of North Americans and East Asians. *Cognition and Emotion*, 24(3), 419-435.

Leuba, C. (1955). Toward some integration of learning theories: The concept of optimal stimulation. *Psychological Reports*, 1, 27-33.

Levy, R. I. （1975）. *Tahitians: Mind and Experience in the Society Islands*. Chicago: University of Chicago Press.

Liljestrom, A. , Roulston, K. , & de Marrais, K. (2007). "There is no place for feeling like this in the workplace": Women teachers' anger in school settings. In P. A. Schutz & R. Pekrun (Eds.), *Emotions in Education* (pp. 275-292). San Diego: Elsevier.

Llurda, E. （2004）. Non-native-speaker teachers and English as an International language. *International Journal of Applied Linguistics*, 14(3), 314-323.

Lo, A. Y. , & Jim, C. Y. (2012). Citizen attitude and expectation towards greenspace provision in compact urban milieu. *Land Use Policy*, 29(3),

577-586.

Lu，L.（2001）. Understanding happiness：A look into the Chinese folk psychology. *Journal of Happiness Studies*，2(4)，407-432.

Machin，P.，& Williams，A. C. D. C.（1998）. Stiff upper lip：Coping strategies of World War II veterans with phantom limb pain. *The Clinical Journal of Pain*，14(4)，290-294.

Markus，H. R.，& Kitayama，S.（1994）. The cultural construction of self and emotion：Implication for social behaviours. In S. Kitayama，& M. R. Markus（Eds.），*Emotion and Culture：Empirical Studies of Mutual Influence*（pp. 89-130）. Washington，DC：American Psychology Association.

Markus，H. R.，& Kitayama，S.（2001）. The cultural construction of self and emotion：Implications for social behavior. In W. G. Parrott（Ed.），*Emotions in Social Psychology：Essential Reading*（pp. 119-137）. New York：Psychology Press.

Maslach，C.，& Leiter，M. P.（1997）. *The Truth About Burnout：How Organizations Cause Personal Stress and What to Do About It*. San Francisco：Jossey-Bass.

Maslach，C.，Leiter，M. P.，& Schaufeli，W.（2008）. Measuring burnout. In C. L. Cooper & S. Cartwright（Eds.），*The Oxford Handbook of Organizational Well-Being*（pp. 86-108）. Oxford：Oxford University Press.

Maslach，C.，Schaufeli，W. B.，& Leiter，M. P.（2001）. Job burnout. *Annual Review of Psychology*，52(1)，397-422.

Matsumoto，D.，Consolacion，T.，Yamada，H.，Suzuki，R.，Franklin，B.，Paul，S.，& Uchida，H.（2002）. American-Japanese cultural differences in judgements of emotional expressions of different intensities. *Cognition and Emotion*，16(6)，721-747.

Mertens，D. M.（2005）. *Research and Evaluation in Education and Psychology：Integrating Diversity with Quantitative，Qualitative，and Mixed Methods*. Los Angeles：Sage Publications.

Mesquita，B.，& Frijda，N. H.（1992）. Cultural variations in emotions：A review. *Psychological Bulletin*，112(2)，179-204.

Mesquita, B., Frijda, N. H., & Scherer, K. R. (1997). Culture and emotion. In J. W. Berry, P. R. Dasen & T. S. Saraswathi (Eds.), *Handbook of Cross-Cultural Psychology* (vol. 2): *Basic Processes and Human Development* (pp. 255-297). Needham Heights, MA: Allyn & Bacon.

Mesquita, B.; & Ellsworth, P. C. (2001). The role of culture in appraisal. In K. R. Scherer, A. Schorr & T. Johnstone (Eds.), *Appraisal Processes in Emotion: Theory, Methods, Research. Series in Affective Science*. (pp. 233-248). New York: Oxford University Press.

Meyer, D. K. (2009). Entering the emotional practices of teaching. In P. A. Schutz & M. Zembylas (Eds.), *Advances in Teacher Emotion Research: The Impact on Teachers' Lives* (pp. 73-91). Boston, MA: Springer.

Meyer, D. K., & Turner, J. C. (2002). Discovering emotion in classroom motivation research. *Educational Psychologist*, 37(2), 107-114.

Miles, M. B., & Huberman, A. M. (1994). *Qualitative Data Analysis: An Expanded Sourcebook*. Los Angeles: Sage.

Miles, M. B., Huberman, A. M., & Saldana, J. (2013). *Qualitative Data Analysis*. Los Angeles: Sage.

Mishna, F., Scarcello, I., Pepler, D., & Wiener, J. (2005). Teachers' understanding of bullying. *Canadian Journal of Education/Revue Canadienne de L'éducation*, 28(4), 718-738.

Moors, A., Ellsworth, P. C., Scherer, K. R., & Frijda, N. H. (2013). Appraisal theories of emotion: State of the art and future development. *Emotion Review*, 5(2), 119-124.

Morris, J. A., & Feldman, D. C. (1996). The dimensions, antecedents, and consequences of emotional labor. *Academy of Management Review*, 21(4), 986-1010.

Morrissette, P. J. (2001). Reducing incivility in the university/college classroom. *International Electronic Journal for Leadership in Learning*, 5, 1-12.

Morse, J. M. (1991). Approaches to qualitative-quantitative methodological triangulation. *Nursing Research*, 40(2), 120-123.

Mosquera, P. M. R., Manstead, A. S., & Fischer, A. H. (2000). The role of honor-related values in the elicitation, experience, and communication of pride, shame, and anger: Spain and the Netherlands compared. *Personality and Social Psychology Bulletin*, 26 (7), 833-844.

Näring, G., Vlerick, P., & Van de Ven, B. (2012). Emotion work and emotional exhaustion in teachers: The job and individual perspective. *Educational Studies*, 38(1), 63-72.

Nauert, C. G. (2006). *Humanism and the Culture of Renaissance Europe*. Cambridge: Cambridge University Press.

Newmark, P. (1988). *A Textbook of Translation*. New York: Prentice Hall.

Nias, J. (1989). *Primary Teachers Talking: A Study of Teaching as Work*. London: Routledge.

Niedenthal, P. M., Krauth-Gruber, S., & Ric, F. (2006). *Psychology of Emotion: Interpersonal, Experimental and Cognitive Approaches*. New York: Psychology Press.

Nord, C. (2014). *Translating as a Purposeful Activity: Functionalist Approaches Explained*. London: Routledge.

O'Connor, K. E. (2008). "You choose to care": Teachers, emotions and professional identity. *Teaching and Teacher Education*, 24 (1), 117-126.

Oatley, K., & Johnson-Laird, P. N. (1987). Towards a cognitive theory of emotions. *Cognition and Emotion*, 1(1), 29-50.

OECD (2009). *Higher Education to 2030: (vol. 2): Globalisation*. Paris: OECD.

Öhman, A. (1986). Face the beast and fear the face: Animal and social fears as prototypes for evolutionary analyses of emotion. *Psychophysiology*, 23(2), 123-145.

Ortony, A., & Turner, T. J. (1990). What's basic about basic emotions?. *Psychological Review*, 97(3), 315-331.

Ortony, A., Clore, G. L., & Collins, A. (1990). *The Cognitive Structure of Emotions*. Cambridge: Cambridge university press.

Padgett, C., & Cottrell, G. W. (1998). A simple neural network models categorical perception of facial expressions. In Proceedings of the twentieth annual cognitive science conference (pp. 806-807).

Pakingson B, Fisher A. H., & Manstead, A. S. R. (2005). *Emotion in Social Relations*. New York: Psychology Press.

Pallant, J. (2013). *SPSS Survival Manual: A Step by Step Guide to Data Analysis Using IBM SPSS*. Maidenhead: McGraw Hill.

Parekh, B. (1992). The cultural particularity of liberal democracy. *Political Studies*, 40(s1), 160-175.

Parekh, B. (2007). Being British. *The Political Quarterly*, 78(s1), 32-40.

Parsons, W. (2002). From muddling through to muddling up-evidence based policy making and the modernisation of British Government. *Public Policy and Administration*, 17(3), 43-60.

Patrick, B. C., Skinner, E. A., & Connell, J. P. (1993). What motivates children's behavior and emotion? Joint effects of perceived control and autonomy in the academic domain. *Journal of Personality and Social Psychology*, 65(4), 781-791.

Pekrun R., Frenzel, A. C., & Perry, R. P. (2011). The control-value theory of achievement emotions: An integrative approach to emotions in education. In P. A. Schutz & R. Pekrun (Eds.), *Emotion in Education* (pp. 13-36). Amsterdam: Academic Press.

Pekrun, R. (1992). The expectancy-value theory of anxiety: Overview and implications. In D. G. Forgays, T. Sosnowski & K. Wrzesniewski (Eds.), *Anxiety: Recent Developments in Self-Appraisal, Psychophysiological and Health Research* (pp. 23-41). Washington, DC: Hemisphere.

Pekrun, R. (2000). A social-cognitive, control-value theory of achievement emotions. In J. Heckhausen (Ed.), *Motivational Psychology of Human Development: Developing Motivation and Motivating Development* (pp. 143-163). New York: Elsevier Science.

Pekrun, R. (2006). The control-value theory of achievement emotions: Assumptions, corollaries, and implications for educational research and practice. *Educational Psychology Review*, 18(4), 315-341.

Pekrun, R. , Frenzel, A. C. , Goetz, T. , & Perry, R. P. (2007). The control-value theory of achievement emotions: An integrative approach to emotions in education. In P. A. Schutz & R. Pekrun (Eds.), *Emotion in Education* (pp. 13-36). Amsterdam: Academic Press.

Pekrun, R. , Goetz, T. , & Perry, R. P. (2005). *Academic emotions questionnaire (AEQ): User's Manual*. Department of Psychology, University of Munich, Germany.

Pekrun, R. , Goetz, T. , Titz, W. , & Perry, R. P. (2002). Academic emotions in students' self-regulated learning and achievement: A program of quantitative and qualitative research. *Educational Psychologist*, 37(2), 91-106.

Peng, K. , Nisbett, R. E. , & Wong, N. Y. (1997). Validity problems comparing values across cultures and possible solutions. *Psychological Methods*, 2(4), 329-344.

Perry, R. P. (1991). Perceived control in college students: Implications for instruction in higher education. In J. Smart (Ed.), *Higher Education: Handbook of Theory and Research*, (vol. 7, pp. 1-56). New York: Agathon.

Phillips, D. C. , & Burbules, N. C. (2000). *Postpositivism and Educational Research*. Boulder: Rowman & Littlefield.

Phillips, T. (2015). How hard does China work? *The Guardian News*. Retrieved from https://www. theguardian. com/world/2015/oct/06/how-hard-does-china-work.

Pines, A. M. (2002). Teacher burnout: A psychodynamic existential perspective. *Teachers & Teaching*, 8(2), 121-140.

Pittam, J. , and Scherer, K. R. (1993). Vocal expression and communication of emotion. In M. Lewis & J. M. Haviland (Eds.), *Handbook of Emotions* (pp. 185-197). New York: Guilford Press.

Planalp, S. (1999). *Communicating Emotion: Social, Moral and Cultural Processes*. Cambridge: Cambridge University Press.

Plonsky, L. , & Gonulal, T. (2015). Methodological synthesis in quantitative L2 research: A review of reviews and a case study of exploratory factor analysis. *Language Learning*, 65(S1), 9-36.

Plutchik, R. (1984). Emotions: A general psychoevolutionary theory. In K. R. Scherer & P. Ekman (Eds.), *Approaches to Emotion* (pp. 197-219). Hillsdale, NJ: Lawrence Erlbaum.

Posner, J., Russell, J. A., & Peterson, B. S. (2005). The circumplex model of affect: An integrative approach to affective neuroscience, cognitive development, and psychopathology. *Development and Psychopathology*, 17(3), 715-734.

Prawat, R., Byers, J., & Anderson, A. H. (1983). An attributional analysis of teachers' affective reactions to student success and failure. *American Educational Research Journal*, 20(1), 137-152.

Pring, R. (2000). *Philosophy of Educational Research*. London: Continuum.

Proctor, R. W., & Capaldi, E. J. (2008). *Why Science Matters: Understanding the Methods of Psychological Research*. Hoboken, New Jersey: John Wiley & Sons.

Raïevsky, C., & Michaud, F. (2009). Emotion Generation Based on a Mismatch Theory of Emotions for Situated Agents. In J. Vallverdú & D. Casacuberta (Eds.), *Handbook of Research on Synthetic Emotions and Sociable Robotics: New Applications in Affective Computing and Artificial Intelligence* (pp. 247-266). Hershey, PA: Information Science Reference.

Raths, J. (2001). Teachers' beliefs and teaching beliefs. *Early Childhood Research & Practice*, 3(1), 62-76. Retrieved from http://ecrp. uiuc. edu/v3n1/raths. html.

Robson, C. (2011). *Real World Research: A Resource for Social Scientists and Practitioner-Researchers* (3rd ed.). West Sussex: Wiley.

Roseman, I. J. (1984). Cognitive determinants of emotion: A structural theory. *Review of Personality & Social Psychology*, 5, 11-36.

Roseman, I. J., & Smith, C. A. (2001). Appraisal theory: Overview, assumptions, varieties, controversies. In K. R. Scherer, A. Schorr & T. Johnson, (Eds.), *Appraisal Processes in Emotion: Theory, Methods, Research* (pp. 3-19). New York: Oxford University Press.

Roseman., I. J. (1996). Appraisal determinants of emotions: Constructing a more accurate and comprehensive theory. *Cognition and Emotion*, 10 (3), 241-278.

Rosenberg, E. L. (1998). Levels of analysis and the organization of affect. *Review of General Psychology*, 2(3), 247-270.

Royce, A. (2000). *A Survey on Academic Incivility at Indiana University: Preliminary Report*. Bloomington: Center for Survey Research, Indiana University.

Russell, J. A. (2003). Core affect and the psychological construction of emotion. *Psychological Review*, 110(1), 145-172.

Russell, J. A., & Barrett, L. F. (1999). Core affect, prototypical emotional episodes, and other things called emotion: Dissecting the elephant. *Journal of Personality and Social Psychology*, 76 (5), 805-819.

Russell, J. A., & Pratt, G. (1980). A description of the affective quality of environments. *Journal of Personality and Social Psychology*, 38(2), 311-322.

Russell, J. A., & Snodgrass, J. (1987). Emotion and the environment. In D. Stokols & I. Altman (Eds.), *Handbook of Environmental Psychology*(pp. 245-280). New York: Wiley.

Ryan, G. W., & Bernard, H. R. (2003). Techniques to identify themes. *Field Methods*, 15(1), 85-109.

Sachs, J. (2005). Teacher education and the development of professional identity: Learning to be a teacher. In P. Denicolo & M. Kompf (Eds.), *Connecting Policy and Practice: Challenges for Teaching and Learning in Schools and Universities*(pp. 5-21). London: Routledge.

Scherer, K. R. (1984). On the nature and function of emotion: A component process approach. In K. R. Scherer & P. Ekman (Eds.), *Approaches to Emotion* (pp. 293-318.) Hillsdale, NJ: Lawrence Erlbaum.

Scherer, K. R. (1988). Criteria for emotion-antecedent appraisal: A review. In V. Hamilton, G. H. Bower, & N. H. Frijda (Eds.), *Cognitive Perspectives on Emotion and Motivation* (pp. 89-126). Dordrecht: Nijhoff.

Scherer, K. R. (1993). Studying the emotion-antecedent appraisal process: An expert system approach. *Cognition and Emotion*, 7(3-4), 325-355.

Scherer, K. R. (1999a). Appraisal theory. In T. Dalgleish & M. Power, (Eds.), *Handbook of Cognition and Emotion* (pp. 637-663). Chichester: Wiley.

Scherer, K. R. (1999b). On the sequential nature of appraisal processes: Indirect evidence from a recognition task. *Cognition and Emotion*, 13 (6), 763-793.

Scherer, K. R. (2001). The nature and study of appraisal: A review of the issues. In K. R. Scherer, A. Schorr, & T. Johinstone (Eds.), *Appraisal Processes in Emotion: Theory, Methods, Research* (pp. 369-391). New York: Oxford University Press.

Scherer, K. R. (2007). Unconscious processes in emotion : The Bulk of the Iceberg. In L. F. Barrett, P. M. Niedenthal & P. Winkielman (Eds.). *Emotion and Consciousness* (pp. 312-334). New York: Guilford Press.

Scherer, K. R., & Wallbott, H. G. (1994). Evidence for universality and cultural variation of differential emotion response patterning. *Journal of Personality and Social Psychology*, 66(2), 310-328.

Scherer, K. R., Summerfield, A. B., & Wallbott, H. G. (1983). Cross-national research on antecedents and components of emotion: A progress report. *Information (International Social Science Council)*, 22(3), 355-385.

Schutz, P. A., & DeCuir, J. T. (2002). Inquiry on emotions in education. *Educational Psychologist*, 37(2), 125-134.

Schutz, P. A., Aultman, L. P., & Williams-Johnson, M. R. (2009). Educational psychology perspectives on teachers' emotions. In P. A. Schutz & M. Zembylas (Eds.), *Advances in Teacher Emotion Research* (pp. 195-212). New York: Springer.

Schutz, P. A., Cross, D. I., Hong, J. Y., & Osbon, J. N. (2007). Teacher identities, beliefs, and goals related to emotions. In P. A. Schutz & R. Pekrun (Eds.), *Emotion in Education* (pp. 223-242). Amsterdam: Academic Press.

Schutz, P. A., Crowder, K. C., & White, V. E. (2001). The

development of a goal to become a teacher. *Journal of Educational Psychology*, 93(2), 299-308.

Scotland, J. (2012). Exploring the philosophical underpinnings of research: Relating ontology and epistemology to the methodology and methods of the scientific, interpretive, and critical research paradigms. *English Language Teaching*, 5(9), 9-16.

Seidman, I. (2013). *Interviewing as Qualitative Research: A Guide for Researchers in Education and the Social Sciences*. New York: Teachers College Press.

Shewder, (1993), The cultural psychology of the emotions. In M. Lewis & Haviland (Eds.), *Handbook of Emotions* (pp. 417-433). New York: Guilford.

Siegel, H. (2006). Epistemological diversity and educational research: Much ado about nothing much? *Educational Researcher*, 35 (2), 3-12. Retrieved from http://dx.doi.org/10.3102/0013189X035002003/.

Smith, B. (2003). Ontology. In L. Floridi (ed.), *Blackwell Guide to the Philosophy of Computing and Information* (pp. 155-166). Oxford: Blackwell.

Smith, C. A., & Ellsworth, P. C. (1985). Patterns of cognitive appraisal in emotion. *Journal of Personality and Social Psychology*, 48(4), 813-838.

Smith, C. A., & Pope, L. K. (1992). Appraisal and emotion: The interactional contributions of dispositional and situational factors. In M. S. Clark (Ed.), *Emotion and Social Behavior*. Los Angeles: Sage Publication.

Smith, C. A., & Lazarus R. S. (1993). Appraisal components, core relational themes, and the emotions. *Cognition and Emotion*, 7 (3-4), 233-269.

Smith, R. E. (1986). Toward a cognitive-affective model of athletic burnout. *Journal of Sport Psychology*, 8(1), 36-50.

Smylie, M. A. (1999). Teacher stress in a time of reform. In R. Vandenderghe & A. M. Huberman (Eds.), *Understanding and Preventing Teacher Burnout: A Sourcebook of International Research and Practice*. New York: Cambridge University Press.

Spilt, J. L., Koomen, H. M., & Thijs, J. T. (2011). Teacher wellbeing: The importance of teacher-student relationships. *Educational Psychology Review*, 23(4), 457-477.

Starr, D. (2009). Chinese language education in Europe: the Confucius Institutes. *European Journal of Education*, 44(1), 65-82.

Stephens, P. (2014). Mandarin: Confucius Institute aims to boost numbers. *BBC News*. Retrieved from http://www. bbc. co. uk/news/education-27731680.

Stipek, D. (1998). Differences between Americans and Chinese in the circumstances evoking pride, shame, and guilt. *Journal of Cross-Cultural Psychology*, 29(5), 616-629.

Sutton, R. E. (2000a). The emotional experiences of teachers. Paper presented at the annual meeting of the American Educational Research Association, New Orleans.

Sutton, R. E. (2000b). Teachers' anger: What do we know? Why does it matter? Paper presented at the New Zealand Association for Research in Education Conference, Hamilton, New Zealand.

Sutton, R. E. (2007). Anger, frustration and self regulation. In P. A. Schutz & R. Pekrun (Eds.), *Emotions and Education* (pp. 259-274). Boston: Elsevier.

Sutton, R. E., & Wheatley, K. F. (2003). Teachers' emotions and teaching: A review of the literature and directions for future research. *Educational Psychology Review*, 15(4), 327-358.

Tahir, T. (2007). Behaviour survey exposes high levels of staff abuse. *Times Higher Educational Supplement*. Retrieved from http://www. timeshighereducation. co. uk/news/behaviour-survey-exposes- high-levels-of-staff-abuse/310426. article.

Tashakkori, A., & Teddlie, C. (1998). *Mixed Methodology: Combining Qualitative and Quantitative Approaches* (Vol. 46). Thousand Oaks, CA: Sage.

Tashakkori, A., & Teddlie, C. (2003). *Handbook of Mixed Methods in Social & Behavioral Research*. Thousand Oaks, CA: Sage.

Taylor, C. (2015) Irony and sarcasm: British behaviours? In A. Duguid, A. Marchi, A. Partington & C. Taylor (Eds.), *Gentle Obsessions: Literature, Linguistics and Learning in Honour of John Morley* (pp. 121-144). Rome: Artemide.

Taylor, E. (1999). An intellectual renaissance of humanistic psychology?. *Journal of Humanistic Psychology*, 39(2), 7-25.

Tellegen, A., Watson, D., & Clark, L. A. (1999). On the dimensional structure of affect. *Psychological Science*, 10(4), 297-303.

Terrell, S. R. (2012). Mixed-methods research methodologies. *The Qualitative Report*, 17(1), 254-280.

The Chinese Culture Connection. (1987). Chinese values and the search for culture-free dimensions of culture. *Journal of Cross-Cultural Psychology*, 18(2), 143-164.

Times Higher Education. (2017). World University Rankings 2016—2017. Retrieved from https://www. timeshighereducation. com/world-university-rankings/2017/world-ranking #! /page/0/length/25/sort _ by/rank/sort_order/asc/cols/stats.

Titchener, E. B. (1908). *Lectures on the Elementary Psychology of Feeling and Attention*. New York: Macmillan.

Triandis, H. C. (1972) *The Analysis of Subjective Culture*. New York: Wiley.

Triandis, H. C., Chen, X. P., & Chan, D. K. S. (1998). Scenarios for the measurement of collectivism and individualism. *Journal of Cross-Cultural Psychology*, 29(2), 275-289.

Triandis, H. C., McCusker, C., Betancourt, H., Iwao, S., Leung, K., Salazar, J. M., Setiadi, B., Sinha, J. B. P., Touzard, H., & Zaleski, Z. (1993). An etic-emic analysis of individualism and collectivism. *Journal of Cross-Cultural Psychology*, 24(3), 366-383.

Tschannen-Moran, M., & Hoy, A. W. (2001). Teacher efficacy: Capturing an elusive construct. *Teaching and Teacher Education*, 17(7), 783-805.

Tschannen-Moran, M., & Hoy, A. W. (2007). The differential antecedents of self-efficacy beliefs of novice and experienced teachers.

Teaching and Teacher Education, 23(6), 944-956.

Tsouloupas, C. N., Carson, R. L., Matthews, R., Grawitch, M. J., & Barber, L. K. (2010). Exploring the association between teachers' perceived student misbehaviour and emotional exhaustion: The importance of teacher efficacy beliefs and emotion regulation. *Educational Psychology*, 30(2), 173-189.

Turner, J. E., & Schallert, D. L. (2001). Expectancy-value relationships of shame reactions and shame resiliency. *Journal of Educational Psychology*, 93(2), 320-329.

Universities UK. (2007). *Talent Wars: The International Market for Academic Staff*. London: Universities UK.

Uphill, M. A., & Jones, M. V. (2007). Antecedents of emotions in elite athletes: A cognitive motivational relational theory perspective. *Research Quarterly for Exercise and Sport*, 78(2), 79-89.

Van Horn, J. E., Schaufeli, W. B., & Enzmann, D. (1999). Teacher burnout and lack of reciprocity. *Journal of Applied Social Psychology*, 29(1), 91-108.

Van Nes, F., Abma, T., Jonsson, H., & Deeg, D. (2010). Language differences in qualitative research: Is meaning lost in translation? *European Journal of Ageing*, 7(4), 313-316.

Varah, L. J., Theune, W. S., & Parker, L. (1986). Beginning teachers: Sink or swim?. *Journal of Teacher Education*, 37(1), 30-34.

Vartuli, S. (2005). Beliefs: The heart of teaching. *YC Young Children*, 60(5), 76-82.

Volet, S. E., & Ang, G. (1998). Culturally mixed groups on international campuses: An opportunity for inter-cultural learning. *Higher Education Research & Development*, 17(1), 5-23.

Watson, D., & Clark, L. A. (1992). Affects separable and inseparable: On the hierarchical arrangement of the negative affects. *Journal of Personality and Social Psychology*, 62, 489-505.

Watson, J. B. (1913). Psychology as the behaviorist views it. *Psychological Review*, 20(2), 158-163.

Weber, E. (2007). Globalization, "Glocal" Development, and Teachers'

Work: A Research Agenda. *Review of Educational Research*, 77(3), 279-309.

Weiner, B. (1985). An attributional theory of achievement motivation and emotion. *Psychological Review*, 92(4), 548-573.

Weiner, B., Russell, D., & Lerman, D. (1979). The cognition-emotion process in achievement-related contexts. *Journal of Personality and Social Psychology*, 37(7), 1211-1220.

Wheldall, K., & Merrett, F. (1988). Which classroom behaviours do primary school teachers say they find most troublesome?. *Educational Review*, 40(1), 13-27.

Wlodkowski, R. J., & Ginsberg, M. B. (1995). *Diversity & Motivation: Culturally Responsive Teaching*. San Francisco: Jossey-Bass Inc.

Wong, K., Fu, D., Li, C. Y., & Song, H. X. (2007). Rural migrant workers in urban China: Living a marginalised life. *International Journal of Social Welfare*, 16(1), 32-40.

Woods, P., & Jeffrey, B. (1996). *Teachable Moments: The Art of Teaching in Primary Schools*. Buckingham: Open University Press.

Wright, K. B. (2005). Researching Internet-based populations: Advantages and disadvantages of online survey research, online questionnaire authoring software packages, and web survey services. *Journal of Computer-Mediated Communication*, 10(3).

Wundt, W. (1916). *Elements of Folk Psychology: Outline of a Psychological History of the Development of Mankind*. London: Allen & Unwin.

Wundt, W. M. (1896). *Grundriss der psychologie*. Leipzig: W. Engelmann.

Xu, L. (2012). The role of teachers' beliefs in the language teaching-learning process. *Theory and Practice in Language Studies*, 2(7), 1397-1402.

Young, G., & Décarie, T. G. (1977). An ethology-based catalogue of facial/vocal behaviour in infancy. *Animal Behaviour*, 25, 95-107.

Zabel, R. H., & Zabel, M. K. (2001). Revisiting burnout among special education teachers: Do age, experience, and preparation still matter?

Teacher Education and Special Education, 24(2), 128-139.

Zeidner, M. (1998). *Test Anxiety: The State of the Art*. New York: Plenum.

Zemach, E. M. (2001). What is emotion?. *American Philosophical Quarterly*, 38(2), 197-207.

Zembylas, M. (2003). Caring for teacher emotion: Reflections on teacher self development. *Studies in Philosophy and Education*, 22 (2), 103-125.

Zmud, J., Lee-Gosselin, M., Munizaga, M., & Carrasco, J. A. (2013). *Transport Survey Methods: Best Practice for Decision Making*. Bingley: Emerald Group Publishing Limited.

附　　录

附录 A　调查问卷知情同意书(翻译件)

简介

本研究的实施者为 Xinyuan Xu(博士生,导师是约克大学教育研究中心心理学系的 Robert Klassen 教授),研究重点是中英两国教师在英国遇到课堂不当行为时产生的情绪体验的不同之处。

步骤

本研究使用视频情景调查问卷方法、日记追踪研究方法和访谈方法。您需填写简短的调查问卷,说明您在看到不当课堂行为的视频片段时产生的情绪。这种调查问卷需花费的时间不足 10 分钟,并且可使用在线调查工具 Qualtrics 开展问卷调查。在问卷调查的结尾处,研究者邀请您参加日记追踪研究和访谈。

风险/不舒适感

您参与本研究基本没有风险。但是由于研究者要求您根据视频做出判断,您可能产生不安的情绪。

保密性

研究者会对参与者提供的全部数据保密并且仅使用汇总形式报告这些数据(仅报告合并后的结果)。研究人员会在会议或者期刊出版物中公开陈述部分的调查结果,但是不会说明任何参与者的身份。研究者会隐藏全部的调查问卷,除主要研究人员外的其他人均无权接触这些问卷。在主要研究人员删除数据前,研究者会将收集的数据存放在符合 HIPPA 要求的 Qualtrics 安全数据库中。

参 与

您参与本研究全凭自愿,您可随时免费选择退出(停止参与本研究),并且在研究者收集数据后的 10 日内,您可要求研究者从研究数据中删除您的数据。若您有意退出,请关闭互联网浏览器并发送电子邮件至 xx553@york. ac. uk,告知主要研究人员。

研究问题

如需了解更多信息或者要求取得研究结果的复印件,请联系 Xinyuan Xu (xx553@york. ac. uk)。若您对研究参与者的权利有任何疑问,请联系教育学院道德审查委员会主席(电子邮箱:education-research-administrator@york. ac. uk)

Questionnaire Informed Consent Form

Introduction

This study which is conducted by Xinyuan Xu (PhD student supervised by Professor Robert Klassen, Psychology in Education Research Centre, University of York) focuses on differences among British and Chinese teachers'/instructors' emotional experiences when encountering classroom behaviours in the UK.

Procedures

To conduct this study, a video-scenario questionnaire, a diary study and an interview are employed. You will be asked to complete a short questionnaire about your emotional reactions to brief video-clips of classroom behaviours. This questionnaire will take less than 10 minutes and will be conducted with an online Qualtrics-created survey. At the end of the questionnaire you will be invited to join the diary study and interview.

Risks/Discomforts

Risks are minimal for involvement in this study. However, you may feel emotionally uneasy when asked to make judgments based on the video provided.

Confidentiality

All data obtained from participants will be kept confidential and will only be reported in an aggregate format (by reporting only combined results). The researcher may present some of the findings publicly at conferences or in journal publications, but no participants will be identified in the published reports. All questionnaires will be concealed, and no one other than the primary investigator will have access to them. The data collected will be stored in the HIPPA-compliant, Qualtrics-secure database until they have been deleted by the primary investigator.

Participation

Participation in this research study is completely voluntary. You may opt out (quit participating) at any time at no cost to you and you may contact us to request that your data is removed from the study up to 10 days after data collection. If you desire to withdraw, please close your internet browser and notify the principal investigator at this email: xx553@york. ac. uk.

Questions about the Research

For further information or to request a copy of the results of study, please contact Xinyuan Xu (xx553@york. ac. uk) or If you have any questions regarding your rights as research participants, please contact the Chair of Ethics Committee in the Department of education via email: education-research-administrator@york. ac. uk

附录 B 调查问卷(翻译件)

中英两国教师在教学过程中的情绪体验

本调查问卷旨在调查教师在教学过程中的情绪体验。研究者会对您的调查回答保密。您填写并返回调查问卷即表明您同意参与本项目。

第一部分 您的基本信息

性别:
年龄:
在英国的教学时长:
目前所教学生的年龄:
班级平均人数:
出生国:
民族/文化背景:

第二部分 您的情绪反应

短视频展示了数种学生行为。请查看并评估您对每一行为的感受。

请评估您在课堂上看到这种行为时产生的情绪的强烈程度

情绪	无感觉	中度感觉	感觉强烈
愤怒			
焦虑			
无望			
厌烦			
羞愧			
悲伤			

感谢您填写本问卷。研究者还有一个请求:

研究者希望了解教师对学生行为的判断与教师长期情绪体验的关系。因此,研究者计划开展日记追踪研究和访谈,跟进本调查。

1. 您是否愿意花费 5 个工作日简要填写在线日志（每日花费 2—3 分钟），说明您在教学过程中的情绪体验？

2. 在日记追踪研究结束后，您是否愿意参加一次简短的（电话或 *Skype*）访谈，说明您在教学过程中的情绪？

我愿意参加日记追踪研究和/或访谈。

电子邮箱：

电话：

Questionnaire

British and Chinese teachers'/instructors' emotional experiences during teaching

This questionnaire is designed to investigate teachers' emotional experiences during teaching. Your answers to this survey are confidential. By completing and returning the questionnaire you are consenting to participate in this project.

Part One   General information about yourself

Gender:

Your age:

Years of teaching in UK:

Main subjects of teaching:

Age of students taught currently:

Average class size:

Country of birth:

Ethnic/cultural heritage:

Part Two   Your emotional reactions

There are several students' behaviours being showed in short videos. Please watch them and try to rate your feeling towards each behaviour.

Please rate the intensity of the emotions that you would feel if this behaviour happen in your class.

Emotions	No feelings	Neutral	Strongly feel
Anger			
Anxiety			
Hopelessness			
Annoyance			
Shame			
Sadness			

Thank you for completing this survey. We have one further request.

We want to understand how teachers' judgment of students' behaviours relate to their long-term emotional experience. Therefore, we plan on doing a diary study and interviews to follow up this survey.

3. *Would you be willing to complete a brief (2-3 minutes per day) on-line diary for 5 working days about your emotional experiences during teaching?*

4. *After the diary survey, would you be willing to participate in a single (telephone or Skype) short interview about your emotions during teaching?*

I am willing to participate in the diary study and/or interview.
Email：
Phone：

附录 C　日记表格（翻译件）

感谢您参与上一次调查的后续日记追踪研究。研究者会对您的回答保密。

此日志共 5 页，请您每天填写一页。请在第 1 周的教学工作结束后，选择某日教学过程中令您印象最深刻的班级作为记录对象，并依据该班级的情况填写本日志，并请在未来 4 周的日志填写中选择同一个班级作为记录对象。

第一部分　您对班级表现的看法

学生表现	强烈不同意	不同意	中性	同意	强烈同意
学生理解课堂材料					
学生在课上表现积极					
学生遵守课堂纪律					

第二部分　您的感受

在课堂上，我觉得：

情绪	强烈不同意	不同意	中性	同意	强烈同意
享受					
愤怒					
焦虑					
无望					
放松					
羞愧					
悲伤					
厌烦					

第三部分　评论框

请从今日的学生课堂行为中,选出一种积极行为、一种消极行为和一种印象最深刻的行为(可以是相同的),并填写下表。

积极行为	
消极行为	
印象最深刻的学生行为	
对这一节课的整体感受	

Diary Form

Thank you for being willing to take part in a follow up diary study to the previous survey. Your answers to this survey are confidential.

Think of this as an ordinary diary. There are 5 pages and one page for each day. Please finish the first diary after the first teaching day by picking the most memorable class you have taught on the day, and please fill out the form with the same class in mind each time over next 4 weeks.

Part One   Your perceptions of your class's performance

During this lesson, I felt:

Student' performance	Strongly disagree	Disagree	Strongly feel	Neutral	Agree	Strongly agree
Students understood the material during this lesson						
Students were motivated during this lesson						
Students were disciplined during this lesson						

Part Two　Your feelings

During this lesson, I felt：

Emotion	Strongly disagree	Disagree	Neutral	Agree	Strongly agree
Enjoyment					
Anger					
Anxiety					
Hopelessness					
Relief					
Shame					
Sadness					
Annoyance					

Part Three　Comment box

Please note one positive behaviour, one negative behaviour, and the most memorable behaviour from students in today's class (They can be the same).

Positive	
Negative	
Most memorable	
Overall feelings about this class	

附录 D　访谈计划表(翻译件)

访谈问题

感谢您参与本次访谈。访谈目的是探索教师的情绪体验。研究者不会泄露您在本研究部分中的回答。

根据问卷调查结果,中英教师在课堂上的情绪体验存在多个不同点。因此,以下问题主要询问您认为造成这些不同的因素有哪些?

(1) 在问卷调查的第二个环节,我让教师们观看了 5 段视频,然后对视频诱发的情绪反应(愤怒、焦虑、无望、羞愧、厌烦、悲伤)的强度打分。中国教师们反馈他们感受到的焦虑和羞愧远高于英国教师。根据您的估计,是什么因素导致了这一差异呢?

(2) 您是否可以举出一个学生在课堂上令您产生难忘情绪的例子?

(3) 总体上,您对您的教学感觉如何?

Interview Questions

Thank you for participating in this interview which aims to explore instructors' emotional experiences. Your answers to this part of the study will remain confidential.

According to the results from the questionnaire survey, several differences were discovered between British and Chinese instructors. So, the next few questions are going to ask your opinions about factors that could result in those differences.

1. *In the second part of the questionnaire, we asked instructors to watch 5 video scenarios and rate their emotional response (anger, anxiety, hopelessness, shame, sadness and annoyance) to these videos. Chinese instructors reported experiencing significantly higher level of anxiety and shame than British instructors. So, in your estimation, what factors might relate to that difference? (Any other factors than their perceptions of students' behaviours)*

The next two questions are about your personal experience of teaching in UK.

2. *Could you give an example of a student invoking a memorable emotion from you in a class?*

3. *In general how do you feel during your teaching?*

图书在版编目（CIP）数据

跨文化教学情境下教师情绪的研究 / 许馨元著. —
杭州：浙江大学出版社，2021.7
ISBN 978-7-308-21554-1

Ⅰ.①跨… Ⅱ.①许… Ⅲ.①教师－心理健康－健康
教育－研究 Ⅳ.①G443

中国版本图书馆 CIP 数据核字（2021）第 131831 号

跨文化教学情境下教师情绪的研究

许馨元　著

责任编辑	田　慧
责任校对	陆雅娟
封面设计	项梦怡
出版发行	浙江大学出版社
	（杭州市天目山路 148 号　邮政编码 310007）
	（网址：http://www.zjupress.com）
排　　版	浙江时代出版服务有限公司
印　　刷	杭州良诸印刷有限公司
开　　本	710mm×1000mm　1/16
印　　张	11.5
字　　数	206 千
版印次	2021 年 7 月第 1 版　2021 年 7 月第 1 次印刷
书　　号	ISBN 978-7-308-21554-1
定　　价	42.00 元